SILVIA GASSER

DU STEHST DIR SELBST IM WEG!

Inner Healing: Wie du sofort in die Veränderung und zu deinem Wunsch-Ich kommst

DU STEHST DIR SELBST IM WEG!

Was erwartest du dir von deinem Leben?

Viele von uns durchleben Tag für Tag dasselbe Muster; während wir alles in uns verlangsamen, bis wir innerlich stehenbleiben, schießt das Leben außerhalb an uns vorbei. Dieses Leben, das eigentlich für uns bestimmt wäre. Wir entfernen uns immer mehr und mehr davon, ohne es zu wissen.

Wir dürfen uns endlich wieder überlegen, was wir von uns selbst erwarten, wie wir dieses Leben hier unten gestalten möchten und nicht zuletzt, was uns glücklich macht. Wir dürfen das schönste Leben leben, das wir uns ausmalen können, und sogar noch mehr. Das dürfen wir wirklich!

Das Leben ist nicht hart, es ist ein Wunschkonzert und es schenkt dir alles, was du brauchst. Alles. Sobald du bereit bist, in dich zu schauen, das zu erkennen, was dich blockiert, gehst du geradewegs Richtung Traumleben.

Mit diesem Buch möchte ich dir mein gebündeltes, gelerntes und gelebtes „Wissen", meine Erfahrungen und Erkenntnisse meiner 30 Jahre weitergeben. Ich spüre und sehe, dass wir Menschen wieder viel mehr Glück und Zufriedenheit brauchen. Stattdessen lenken wir uns aber immer mehr von diesem ab und versinken weiter und weiter in eine Art Tiefschlaf. Wir versäumen das Leben, wir versäumen die Veränderung und somit unser inneres Wachstum. Ich glaube aber, genau deshalb sind wir hier, um das Leben so richtig zu genießen, zu lieben und auszukosten.

Es ist absolut egal, wo du im Leben gerade stehst. Du hast dieses Buch in deinen Händen, weil es dich weiterbringen soll, weil du dich besser kennenlernen darfst und absolut alles aus diesem Leben holen sollst, um es unvergesslich und voller Glücksmomente zu machen. So, dass du am Ende freudig darauf zurückblicken kannst und nichts bereuen wirst, vor allem nicht das, was du jetzt vielleicht noch als Fehler betrachtest.

Steckst du in einer unglücklichen Beziehung fest? Hast du Schulden? Hast du eine schwierige Trennung hinter dir? Bist du mit deinem Aussehen unglücklich? Kannst du dir das, wovon du glaubst, es würde dich glücklicher machen, nicht leisten? Hast du einen lieben Menschen verloren? Hat dich jemand verletzt, körperlich oder seelisch? Oder verspürst du keine Freude im Leben, ohne zu wissen, warum? Hast du alles, aber fühlst dich einfach gelangweilt und unvollständig?

Dann gratuliere ich dir zu dieser besonderen Reise in dein neues Leben, das du einfach nur lieben wirst!

Ist so etwas möglich? Wer kann das heutzutage schon von sich und seinem Leben behaupten?

Ich sage: Ja! Ja und nochmal Ja.

Tief im Herzen bin ich der vollen Überzeugung, dass wir genau deshalb alle am Leben sein dürfen. Wir, die Seelen, welche im menschlichen Körper leben, haben uns entschieden, hier unten etwas zu bewirken. Wir wollen lernen und so viele Erfahrungen wie möglich machen. Positive sowie negative – wenn es so etwas wie Negativität überhaupt gibt.

Dafür haben wir uns diesen Planeten ausgesucht, den Planeten voller Gefühle, voller Emotionen und Widersprüche.

Es ist nicht easy, wir gehören sicher zu den mutigsten und krassesten Seelen im Universum, weil wir uns diesem Abenteuer hier unten stellen. Allein deswegen darfst du dir selbst auf die Schulter klopfen und mehr als stolz auf dich sein!

Du bist jetzt hier – ein Teil vom großen Ganzen und gleichzeitig das große Ganze. Ich liebe es, hier unten mit dir zu sein, mit dir verbunden zu sein und meine Worte mit dir teilen zu dürfen. Gemeinsam rocken wir das, wenn auch vielleicht nicht auf menschlicher, sondern auf seelischer Ebene. Ich spüre unsere Verbindung und liebe sie. Du bist eine sehr besondere Seele, schön, dass du hier bist.

Die Arbeit mit diesem Buch wird ein Abenteuer, vielleicht das größte deines bisherigen Lebens. Du lernst die Welt, deine Mitmenschen und dich selbst auf einer völlig neuen Ebene kennen – eine, die du nie für möglich gehalten hättest. Vor allem langfristig ist das ein unbeschreibliches, erleichterndes, aufblühendes Gefühl. Lass dich vollkommen darauf ein: Es wird nicht immer einfach sein, aber so viel besser als alles andere bisher in deinem Leben. Genießen wir alle das Leben wieder und kosten es voll aus.

Wir brauchen dich dringend, dich und deine großartige Energie, dein persönliches „Inner Healing", das Auswirkungen auf einfach alles und alle hier hat.

Obwohl wir uns oft so klein fühlen, so unbedeutend und nichts aussagend zwischen all den Milliarden anderen Seelen auf der Erde, braucht es alle. Absolut alle, die innerlich „aufräumen" und das Aufgeräumte dann nach außen ausstrahlen. Das machen wir nämlich, täglich: Wir stecken andere mit unserer Energie an. Lassen wir also Neid,

Konkurrenzdenken, Belehrungen, das Fehler-Suchen bei anderen hinter uns und wechseln ins Handeln und in die Eigenverantwortung.

Es ist **dein** Leben, das **du** in der Hand hast.

Das hier soll kein schlaues Buch sein, um dir mehr und mehr Wissen anzueignen, es soll dir keine schönen Gefühle schenken und dich damit befriedigen. Es wird alles aus dir herauskitzeln, auch mal negativ triggern. Vielleicht wird dir nicht immer gefallen, was ich schreibe – besonders dann solltest du umso genauer hinschauen. Darin ist das meiste Lern- und Wachstumspotenzial für dich versteckt.

Du sollst es nicht, wie vielleicht viele andere Bücher vorher, lesen und dann wieder ins Regal stellen und vergessen. Du darfst endlich ins Handeln kommen und dein neu gewonnenes Wissen umsetzen, es leben.

Ansonsten bleibt es einfach ein weiteres gelesenes, schlaues Buch, das du als Ausrede benutzt, um dich nicht verändern zu müssen. Wir reden uns nämlich selbst ein, das Lesen an sich verändere uns schon genug.

So funktioniert es aber nicht: Lies das Buch öfters – bestenfalls einmal im Jahr – achtsam, Seite für Seite, durch. Mit jedem Mal wirst du neue Erkenntnisse herauslesen, die du vorher nicht wahrgenommen hast. Immer zu genau dem Zeitpunkt, an dem es dir in der momentanen Situation weiterhilft. Oder du schlägst an manchen Tagen ganz intuitiv eine Seite auf und liest sie dir durch; du wirst sehen, dass du genau die Antworten bekommst, die du zu diesem Zeitpunkt brauchst.

Dieses Buch fordert dich, schenkt dir wichtige Aha-Momente und wird dein Leben verändern. Lass es zu und genieße deinen inneren und vielleicht äußeren Wandel.

Ich danke dir von Herzen für deinen Mut, wir alle anderen brauchen dich!

Deine Silvi

Veränderung: Was ist dein Ziel?

Nur wer versteht,
dass jede Jahreszeit vergeht,
dass sie immer wiederkehrt,
doch nie dieselbe ist,
und dass dies das Jahr so
berauschend vielseitig stimmt,
uns Sicherheit schenkt und doch
immer wieder aufs Neue überrascht,
der weiß tief im Inneren,
dass Veränderung
der Sinn des Lebens ist.

Clara Louise

Wir können einen Menschen an unserer Seite haben, der uns täglich zeigt, wie wunderbar wir sind, der uns mit Liebe überschüttet und von Herzen respektiert. Wir können ein großartiges Haus haben, eine warme Wohnung und Strom, genügend Essen, sauberes Trinkwasser, eine Arbeit als sichere Einnahmequelle und Menschen um uns, die wir mögen. Wir können nach außen hin alles oder vieles haben, was man als Glück und Erfüllung bezeichnen kann. Aber manchmal ist es das nicht. Manchmal haben wir alles, was wir brauchen – und noch vieles mehr – und sind dennoch nicht glücklich oder fühlen uns nicht erfüllt. Etwas in uns ruft nach mehr vom Leben. Wenn wir gelangweilt und zu selbstverständlich durch dieses Leben gehen, vergessen wir eines dabei: wirklich zu leben und unser Leben voll auszukosten. Denn ja, das dürfen wir!

Leben bedeutet für mich Veränderung. Wir geraten viel zu oft und viel zu schnell in ein eintöniges Alltagsrad, weil wir einige essenzielle Punkte nicht beachten. Das wird sich für dich mit diesem Buch ändern.

Ich weiß nicht, wo du im Leben gerade stehst, wie es dir geht und welche Veränderungen du anstrebst. Hast du gerade Probleme mit Geld, bist unglücklich mit deiner Arbeit oder deiner Partnerschaft? Hast du eine psychisch schwere Zeit hinter dir? Wünschst du dir mehr Erfolg oder mehr Freunde, Selbstbewusstsein, einen schlankeren Körper oder willst viel mehr von der Welt sehen? Es gibt so viele Gründe, um noch nicht absolut erfüllt und zufrieden mit dem eigenen Leben zu sein. Vielleicht hast du aber auch keine Idee, was sich in deinem Leben eigentlich ändern sollte, damit du glücklicher wirst und es wirklich von Herzen liebst, hier auf dieser Erde zu sein.

Ich weiß aber, dass du dieses Buch nicht zufällig in deinen Händen hältst. Das Leben ist ein einzig großer Lernprozess, es gibt meiner Meinung nach keinen Punkt, an dem man sagen kann, dass man absolut weise ist und ausgelernt hat. Niemand kann das von sich behaupten und das ist wohl die schönste Gemeinsamkeit von uns Menschen.

Ist das nicht das Schöne am Leben? Sich immer weiter zu verändern, immer wieder auf neue Erkenntnisse zu stoßen und Dinge auszuprobieren, daran zu wachsen und zu lernen. Wir können ständig neue Vorlieben, Talente und Fähigkeiten an uns entdecken, weil wir uns von Jahr zu Jahr innerlich verändern und entwickeln, wenn wir es zulassen.

Unter Umständen verbindest du das Wort „Veränderung" mit harter Arbeit, mit negativen Gefühlen und Erinnerungen aus deiner Vergangenheit. Ich lade dich ein, dieses Bild nach und nach verblassen zu lassen und wieder zu erleben, wie wunderbar es ist, nicht immer gleich zu bleiben, Neues zu wagen, manchmal mutig zu sein und sich ins Unbekannte zu stürzen. Ab und an haben wir nach einer herausfordernden Zeit auch von selbst das Gefühl, neu starten zu wollen.

Als ich 29 Jahre alt wurde, hat mir eine tolle Frau Geburtstagsglückwünsche gesendet, die ich bis heute nie vergessen habe. Unter Hunderten von Nachrichten ist mir diese bis heute nie aus dem Kopf gegangen:

„Alles, alles Liebe du einzigartiges Wesen, alles Gute werd eh zu dir kemmen und so bleiben sollsch du nit, weil du den Wandel liebsch! [...]" („alles Gute wird zu dir kommen und so bleiben, wie du bist, sollst du nicht, weil du den Wandel liebst").

Ich danke dir, Melanie, von Herzen für diese Worte, ich hatte damals sofort ein Lächeln auf den Lippen und dachte mir: „Shit, ja, Wandel ist genial!"

Bis dahin war mir das aber noch nicht so bewusst gewesen. Mit ihren Worten konnte ich das letzte Bisschen an negativen Gefühlen und Bildern, das ich mit den Worten Veränderung oder Wandel in Verbindung gebracht hatte, ablegen und mich vollkommen in alles fallen lassen. In die Gewissheit, dass alles gut ist, schön ist und wir immer weiterkommen können im Leben, indem wir ihm vertrauen und offen bleiben.

Ich habe meine eigene Strategie entwickelt, die ich selbst angewandt habe und täglich vielen Menschen mitgebe. Es sind „die 3 Schritte der Veränderung", nach denen im Grunde auch dieses Buch aufgebaut ist: Erkennen, Beobachten und Handeln. Diese drei Schritte gehen aufeinander über. Es ist schwer zu sagen, wann der erste aufhört und der zweite beginnt, wichtig ist, dass die Entwicklung erkennbar und fühlbar ist.

Dabei ist das **Wie** wohl die bekannteste Frage, wenn es um das Thema Veränderung geht. Obwohl wir wissen, was unsere Probleme sind, wegen derer wir vermeintlich unglücklich, ängstlich und voller Sorgen sind, haben wir dennoch häufig keine Ahnung, wie wir das ändern können.

Deshalb gibt es dieses Buch. Egal was in deinem Leben nach Veränderung schreit, egal was das Problem ist, es gibt immer Lösungen. Du lernst hier, was Selbstreflexion bedeutet und wie du sie ab sofort für dich anwenden kannst. Ab dem Zeitpunkt, an dem du beginnst, das Gelesene für dich anzuwenden, bist du auf dem Weg in ein völlig neues Leben voller Glücksgefühle und spürbarer Lebenslust.

Es gibt unzählige Beispiele, was wir in unserem Leben verändern wollen, da wir uns davon mehr Glücksmomente und Zufriedenheit erhoffen:

- eine Morgenroutine
- früher schlafen gehen und aufstehen
- die eigenen Gedanken und Gefühle äußern/zeigen können
- mehr Konsequenz
- ein Berufswechsel
- weniger Wutausbrüche
- mehr Geduld mit den Kindern
- abnehmen
- eine gesündere Ernährung
- selbstbewusst werden und mit sich zufrieden sein
- den Zuckerkonsum einschränken
- die Einstellung zu Problemen ändern
- mehr Sport/Bewegung in den Alltag integrieren
- mehr Respekt, Liebe und Verständnis in der Partnerschaft
- Kopfstand schaffen
- ein neues Hobby finden
- ein Instrument lernen
- eine neue Sprache lernen
- auswandern
- mehr reisen
- eine Weiterbildung und Neuorientierung
- sich selbstständig machen und sich so etwas Eigenes aufbauen
- mehr Zeit für sich selbst
- diszipliniert sein, ohne sich zu viel Druck zu machen
- Partnerschaft auf ein neues Level bringen
- Partnerschaft endlich beenden
- nicht mehr mit anderen vergleichen
- mehr an sich selbst zu glauben

- anderen die Meinung sagen können
- anderen Menschen mehr Vertrauen schenken
- von Dingen und Menschen abgrenzen, die nicht guttun
- neue Wohnsituation
- sich Wünsche und Ziele setzen und erreichen

Meine Veränderung

Veränderung oder einfach etwas Neues zu probieren, war für mich wirklich immer negativ behaftet. Nehmen wir als Beispiel das klassische Ziel „abnehmen". Egal aber, um welches Thema es sich bei dir handelt: So einen Werdegang kannst du immer erleben oder deine jetzige Entwicklung in so eine Richtung drehen. In meiner persönlichen Geschichte zum Thema Veränderung geht es ums Abnehmen.

Ich mochte meinen Körper nicht, seitdem ich ungefähr zwölf Jahre alt war. Ich lebte in einem Umfeld, in dem ich ständig mitbekam, dass man für die Gesellschaft schnell mal zu dick ist, nicht schön genug, und dass man schon fast nach Makeln an sich suchen musste. Es war normal für mich, dass sich alle ständig über ihr Aussehen beklagen.

Ich kannte keinen einzigen Menschen, der sich selbst mochte oder gar den eigenen Körper schön fand.

Es war also kein Wunder, dass ich mich mit der Zeit auch nicht mehr mochte. In diesem Alter verändern sich die Körper stark und plötzlich dreht sich alles um das Thema Aussehen. Man will den anderen gefallen, weiblich bzw. männlich wirken und nimmt sich Models, Schauspieler und Schauspielerinnen oder andere Schönheiten als Vorbilder. Damals begann ich, mich mit unrealistischen Schönheitsidealen und Photoshop-Bildern zu vergleichen. Ich glaubte zu dieser Zeit aber noch stark an die natürliche Schönheit der Cover-Girls. Nie hätte ich der Menschheit einen solchen Schwindel zugetraut, den sie heutzutage noch in einem viel größeren Ausmaß praktiziert. Heute kann das jeder Mensch praktisch von zu Hause aus und ohne großen Aufwand.

Ich verglich mein Aussehen mit dem der Models und bemerkte schnell, dass ich meinen Körper verändern musste, um als „schön" zu gelten. Immer mehr verglich ich mich auch mit Menschen auf der Straße und gleichaltrigen Mädchen. Es gab unglaublich viele, die in meinen Augen viel schöner und vor allem dünner waren als ich. Gleichzeitig freute ich mich an anderen Tagen, wenn Mädchen etwas molliger waren und in meinen Augen nicht so schön. Das ließ mich meine eigenen Unsicherheiten für einen Moment vergessen.

Hinzu kam, dass ich von Menschen in meiner Umgebung immer wieder abfällige Bemerkungen über mein Aussehen bekam. Mein zu großer Hintern, meine zu dicken Oberschenkel, meine schiefen Schneidezähne. Sie verpackten es in Witze und heute weiß ich auch, warum sie mein Aussehen kommentierten: Sie selbst lebten mit eigenen großen Unsicherheiten und projizierten die eigene Unzufriedenheit durch dieses negative Verhalten auf andere Menschen. Doch auch wenn ich mir dessen jetzt bewusst bin, können diese Worte sehr viel in einem Menschen anrichten. Egal wie alt jemand ist. In erster Linie denken die Menschen zuerst immer an junge Leute, die dadurch in Unsicherheiten oder gar Essstörungen getrieben werden. Ich kann dir aber sagen: Es ist egal, wie alt jemand ist, Bemerkungen über das Aussehen eines Menschen können alle treffen und sehr viel Negatives auslösen.

Grundlegend stellt sich mir die Frage, warum wir das Aussehen eines anderen Menschen kommentieren. Warum haben wir den Drang dazu? Es handelt sich nicht um unseren eigenen Körper, es geht um eine Sache, die unser Leben nicht beeinflusst und demnach nicht relevant sein sollte.

Sogar wenn es nett gemeint ist und eigentlich ein Kompliment sein sollte, kann es schnell ins Negative rutschen. Nehmen wir an, eine Person ist stark geschminkt, mehr als sonst, und du sagst zu ihr: „Wow, du siehst heute unglaublich schön aus!" Auch wenn du der Meinung bist, ein Kompliment gemacht zu haben – was bedeutet es für die andere

Person? Wir wissen nie, wie sensibel unser Gegenüber ist, wie unsicher, selbstbewusst, glücklich oder unglücklich. Entweder ist es eine Person, die sich von Herzen gerne schminkt und so ihre Stimmung, ihr Innenleben und ihr Wesen noch mehr zum Ausdruck bringen will. Es könnte aber auch eine Person sein, die sich schminkt, um sich aus tiefer Unsicherheit hinter einer Maske zu verstecken. Die erste Person freut sich über deine Worte. Die zweite Person könnte noch viel unsicherer werden. Du bestätigst ihre Ängste und Sorgen, ihre Glaubenssätze und negativen Verhaltensmuster. Aus deinem Kompliment versteht sie: „Ich bin nur schön, wenn ich mich verstecke, wenn ich nicht ich selbst bin und mich als ein anderer Mensch ausgebe, der ich niemals in Wirklichkeit sein kann. Wenn ich dazugehören und anerkannt werden will, muss ich dieses Spiel immer weiter mitspielen."

Wir können mit unseren Bemerkungen über das Aussehen anderer sehr vieles bewirken. Positiv sowie negativ.

Als mein Aussehen früher immer kommentiert wurde, begann ich zum ersten Mal, etwas daran verändern zu wollen. Auf der einen Seite wurde ich immer unglücklicher und unzufriedener mit meinem Körper und auf der anderen Seite fühlte ich mich in der Gesellschaft aufgenommen. Ich hatte jetzt das gleiche „Problem" wie mein gesamtes Umfeld und auf einer sehr ungesunden Art und Weise gefiel mir das. Als soziale Wesen lieben wir genau das: das Dazugehören. Egal ob der Grund dafür für uns selbst positiv oder negativ ist.

Weil mein Hintern für andere anscheinend zu groß war und meine Oberschenkel zu dick, wollte ich abnehmen. Mit zwölf Jahren!

Ich aß phasenweise tagelang nichts oder nur extrem wenig. Natürlich hat das auf Dauer nicht funktioniert, weil ich irgendwann Hunger bekam und – zum Glück – etwas aß. Meist in einem größeren Ausmaß, sodass auch ein Jo-Jo-Effekt nicht ausblieb. Ich war nachher noch frustrierter und wütender auf mich als vorher. So entwickelte sich mit der Zeit ein extremer Hass mir selbst gegenüber. Ich sah meinen Körper regelrecht als Feind.

Ich bat meine Mama eine Zeit lang, abends nur Suppen zu kochen oder nur Fleisch mit Karotten (das einzige Gemüse, das ich bis 20 Jahren aß), damit ich abnehmen konnte. Sie tat mir diesen Gefallen, aber auch diese Diäten hielt ich jeweils nur ein paar Tage durch. Dann schrieb ich mich bei einem Fitnessstudio ein: Mit heutiger Betrachtung hat mir der Betreiber den wohl unvorteilhaftesten „Ernährungsplan" mit an die Hand gegeben. Er hielt es für nicht so wichtig, was ich esse. Die Hauptsache war, dass ich regelmäßig in seinem Studio trainierte und viel Geld liegen ließ. Ihm ging es keineswegs um seine Kunden. Nach einiger Zeit bemerkte ich auch, dass er mir monatlich viel mehr Geld vom Konto abzog als vertraglich vereinbart. So endete mein Fitness-Abo und mit dem Abnehmen wurde wieder nichts. Zum Glück wusste ich mich in dem Alter bereits zu wehren. Heute weiß ich, dass Sport allein zum Abnehmen nie funktioniert und auch wenig Sinn ergibt.

Wir müssen unseren Körper mit Wertvollem nähren, um gesund, glücklich und fit zu werden und vor allem auch zu bleiben!

Weil ich immer noch unglücklich mit meinem Aussehen war, gab ich nicht auf. Ich suchte nach einer schnellen, einfachen Lösung, um endlich abzunehmen und gesellschaftstauglich zu werden. Mittlerweile wollte ich auch meinem Umfeld trotzen, diesen Menschen um mich, die seit jeher unglücklich mit sich und ihrem Körper waren. Ich wollte das schaffen, was sie seit Jahrzehnten selbst probierten – auch wegen ihrer abfälligen Bemerkungen mir gegenüber.

Es waren genau diese Menschen, die mich in diese Unsicherheit trieben. Die Menschen, die selbst mit ihrem Körper zu kämpfen hatten, sich nicht liebten und nicht schön genug fanden.

Das ist auch der einzige Grund, warum wir über andere lästern, sie beleidigen oder klein machen: aus unserer eigenen Unsicherheit heraus. Kein glücklicher Mensch dieser Welt hätte das Bedürfnis dazu!

Mein letzter Ausweg war damals der Gang in eine Apotheke. Ich wusste mittlerweile, dass ich kein Durchhaltevermögen hatte, es nicht schaffen würde, meine Ernährung umzustellen, um endlich schlank zu werden. Auch mein Unterbewusstsein wollte sich nicht verändern und sendete mir deshalb immer wieder Sätze wie „Ich kann das nicht", „Das bringt alles nichts", „Wenn du anders bist als die anderen, gehörst du nicht mehr dazu!". Wir sind Gewohnheitstiere und Meister darin, uns selbst zu verarschen. Heute weiß ich das, aber damals hatte ich keine Ahnung.

In der Fernsehwerbung sah ich von klein auf Wunderpillen, die man einfach vor dem Essen schlucken musste und dann automatisch abnehmen würde. Genau das wollte ich, das brauchte ich und ich wollte auch daran glauben, dass so etwas funktionieren kann. Schließlich gab es das Zeug in Apotheken, und die würden doch nie etwas verkaufen, was den Menschen nicht helfen oder guttun würde. Ich glaubte damals sehr an das ausschließlich Gute der Menschen, der Gesellschaft.

Ich stand an der Theke und bat den Apotheker um Pillen zum Abnehmen. Er schaute mich verwundert an und brachte mich zu einem Regal voller weißer Plastikdöschen mit gelbem Deckel. Er suchte sich eines davon aus, sagte mir, dass das schon helfen würde und kassierte mein Geld ein. Zu Hause schluckte ich die Pillen heimlich (mein

Hausverstand sagte mir natürlich, dass das keine Vorgehensweise ist, die man den Eltern anvertrauen sollte) und es geschah absolut nichts. Ich aß die ganze Zeit wie bisher, unachtsam und unkontrolliert, und wunderte mich, warum ich nicht abnahm.

Danach war ich lange Zeit sehr wütend auf diese Menschen, die vor allem mit jungen, hilfesuchenden Menschen einfach nur Geld machen wollten. Irgendwann war ich aber weiter in meiner Erkenntnis und verstand, dass genau diese negativen Erfahrungen mir heute in meinem Leben extrem helfen. Ohne sie wäre ich niemals in der Lage, Menschen in genau diesen Lebensbereichen zu helfen und meine persönliche Mission daraus zu machen. Durch meine persönlichen Erfahrungen weiß ich, was in den Menschen vorgeht und fühle mich in sie hinein. So darf ich immer wieder erleben, wie hilfreich ich für viele Menschen bin, wodurch sie ihr Ziel endlich voller Freude erreichen.

Das Leben ist niemals gegen uns! Es geht immer nur darum, welche Lehre wir daraus ziehen und von welcher Seite wir es – oft auch einige Zeit später – betrachten.

Auch heute noch wird mein Aussehen immer mal wieder kommentiert, vor allem sarkastisch. Mein Po, der immer noch nicht in einer Hose verschwindet, und das liebste Thema sind meine kleinen Brüste. Heute trifft mich das zum Glück nicht mehr. Ich käme nicht auf die Idee, deshalb etwas an mir verändern zu wollen, dafür liebe ich meinen Körper zu sehr – genau so wie er ist.

Zum anderen ist mir auch bewusst, warum diese Menschen immer wieder mit dem gleichen Thema daherkommen und sticheln: Für sie ist es die einzige Möglichkeit, sich selbst wieder etwas besser zu fühlen. Denn, wie bereits geschrieben, sind es genau diese Menschen, die sich bis heute noch nicht wohl in ihrem eigenen Körper fühlen. Das schreibe ich nicht abfällig oder fingerzeigend, ich schreibe es, um dir aufzuzeigen, warum manche Menschen so sind, wie sie sind. Ich liebe und mag diese Menschen in meinem Umfeld sehr und fühle mich jedes Mal in sie hinein, wenn sie mich, meine Art zu leben oder mein Aussehen abfällig kommentieren und darüber Witze machen. Sie meinen es nicht böse, sie tun es aus Selbstschutz.

Das Interessanteste an der ganzen Geschichte aus meiner Kindheit ist aber, dass ich zu keinem Zeitpunkt übergewichtig war. Ich trug eine normale Konfektionsgröße M und hatte eine Figur wie unzählige andere Menschen. Ein Beispiel von vielen, was in unserer Gesellschaft und durch die Unsicherheiten der einzelnen Menschen ausgelöst werden kann.

Wir schaffen es, uns alle gegenseitig innerlich kaputtzumachen.

Jetzt kennst du meine Geschichte und verstehst eher, warum sich das Wort „Veränderung" für mich nach harter Arbeit und unerreichbar anfühlte. Egal, welche Veränderung du in deinem Leben möchtest, unsere Vergangenheit spielt dabei immer eine Rolle. Durch sie haben wir vieles im Kopf, das uns blockieren kann und uns davon abhält weiterzukommen und unser Ziel zu erreichen.

Aber du siehst ebenso, dass man aus Negativem sehr vieles dazulernen kann, wenn man sich öffnet. Auch wenn das manchmal erst eine lange Zeit später erkennbar wird. Alles im Leben ist ein Lernprozess, und vor allem das, was uns negativ erscheint, hält das meiste Potenzial für uns bereit. Im Laufe des Buches wirst du noch mehr solche Beispiele finden.

Mit einer Portion Selbstreflexion ist nämlich alles viel einfacher. Auch jetzt während des Schreibens dieser Zeilen habe ich ein Lächeln auf den Lippen und bin dankbar für alles, was ich in meinen 30 Lebensjahren so erlebt habe.

Ich bin der Überzeugung, dass niemand von uns von sich behaupten kann, ein ausschließlich erfülltes und glückliches Leben geführt zu haben. Wir alle haben unsere Geschichten, kleinen oder größeren Traumata und Momente erlebt, die uns geprägt haben. Jeder und jede von uns hat eine Geschichte auf Lager, wo es mal nicht so rundgelaufen ist im Leben.

Das Ziel ist es, dennoch dankbar darauf zurückblicken zu können.

❞ Ich bin sicher, du hast das Prinzip der Veränderung verstanden, auf das dieses Buch aufbaut. Damit du von vornherein aktiv sein kannst, schnappe dir ein Notizbuch, einen Block, Zettel oder ein digitales Schreibprogramm und mache die Aufgaben, die ich dir stelle, mit. Die können teilweise einiges an Denkarbeit von dir abverlangen, aber nur so wird dieses Heilungsprogramm wirklich effektiv sein. Weitere Informationen zu den Vorteilen des Aufschreibens schildere ich dir auf Seite 37. Also los: Wie willst du dein Leben verändern? Was ist dein Ziel? ❝

Den Weg bauen: Erkenne deine Motivation

Dein Status quo

Du hast dir deinen ersten, wichtigsten Punkt notiert und in dein neues Leben hineingeschaut. Die Energie fließt bereits – auch wenn du sie vielleicht nicht spürst – in diese Richtung. Du hast somit einen neuen Weg in deinem Leben kreiert, der vorher nicht da war. Eine Möglichkeit, um dein Leben wirklich umzuleiten in die Richtung, die du willst.

Die Möglichkeiten im Universum sind unendlich, wir entscheiden selbst, in welche Richtung wir weiterziehen.

Du kannst es dir so vorstellen: Jede und jeder von uns hat unendlich viele Möglichkeiten, dieses Leben hier auf der Erde zu leben. Wir als Menschen aber vergessen das, blenden es durch die unzähligen Ablenkungen im Außen aus und passen uns in jeder Hinsicht dem Denken und Tun der Gesellschaft an. Das ist die einfache Variante, dieses „Abenteuer" hier unten zu leben. Wenn es sich aber nicht stimmig anfühlt, wenn wir nicht zufrieden damit oder mit uns selbst sind, dann ist „Abenteuer" wohl nicht das richtige Wort. Es ist ein Aussitzen, bis wir wieder nach Hause zurückkommen. Gelernt haben wir am Ende nicht sehr viel und der Sinn des Lebens bleibt uns ein Rätsel.

Wir stehen als Seele jeden Tag, in jeder Sekunde vor der Entscheidung, wie unser Leben weitergehen soll. Vor uns eröffnen sich Wege, die wir jederzeit betreten können. Vielleicht klingt das alles noch nicht greifbar und unrealistisch für dich, wo wir doch so gut wie alle von klein auf eingetrichtert bekommen haben, dass das Leben kein Wunschkonzert ist. Wir haben das Gefühl erlernt, das Leben müsse hingenommen werden, wie es ist, und man könne nichts daran ändern, vor allem nicht zum Positiven.

Ich will dir hier genau das Gegenteil vermitteln! Wir alle sind machtvoll, haben so gut wie alles in unserem Leben selbst in der Hand und brauchen dazu fast immer nur eines: Unsere Gedanken und das Gespür dafür, dass wir mehr sind als diese menschliche Hülle. Du kannst dein Leben genauso gestalten, wie du möchtest, egal wie groß deine Wünsche und Ziele sind. Mit dem Aufschreiben deines neuen Zieles, dem Bewusstwerden, was du erreichen möchtest und wohin du jetzt willst, hast du den Weg gebaut, der zu deinem neuen Ich führt. Bleibe gespannt, aufmerksam und freue dich schon jetzt darauf.

Veränderung ist etwas Schönes und Wunderbares. Sie kann absolut ohne Stress und Druck geschehen, wenn wir ein paar Dinge beachten. Dazu gehört auch die Motivation: Mit den für uns richtigen Gründen, warum wir ein Ziel erreichen wollen, ist der Hauptteil schon geschafft. Warum möchtest du abnehmen oder gesund werden? Warum möchtest du ein eigenes Haus? Warum möchtest du auswandern an diesen bestimmten Ort? Warum möchtest du heiraten? Warum möchtest du einen neuen Job? Warum möchtest du dir neue Fähigkeiten oder Hobbys aneignen? Warum möchtest du mehr Glück in deinem Leben spüren? Warum möchtest du mehr Follower auf Instagram? Warum möchtest du genau diese Summe Geld?

Das Warum lässt uns nochmal genau darüber nachdenken und unsere Ziele gut reflektieren. Was genau erhoffst du dir durch das Erreichen dieses einen Zieles? Diese Frage kann für dich jetzt komisch klingen. Natürlich wollen wir gesund sein, da braucht es doch keinen Grund dafür. Natürlich wollen wir viel Geld haben, das versteht sich doch von selbst. Warum sollte man nicht viel Erfolg haben wollen oder was spricht gegen mehr Glück, Ausgeglichenheit und Zufriedenheit? Für uns sind unsere Wünsche logisch, wir brauchen keine Begründung dafür.

Wenn du aber nur oberflächlich bleibst, wirst du deinem Ziel nicht näherkommen. Die Selbstsabotage würde sich ganz bald wieder aktivieren und wir würden aufgeben. Was also ist deine Motivation hinter deinem Ziel?

Meine persönliche Motivation

Mein Ziel damals war es abzunehmen, um endlich schön genug zu sein für die Menschen um mich herum. Nach den ganzen Misserfolgen, die ich dir bereits geschildert habe, war nicht mehr viel Motivation übrig. Auch hatte ich in meinen späten Teenagerjahren, als ich die Schule bereits abgeschlossen hatte, Beziehungen zu verschiedenen Jungs, die mir meine Unsicherheiten bestätigten. Einer davon hat mich so stark verletzt, dass ich einmal beim Autofahren kurz darüber nachdachte, einfach auf die vor mir stehende Mauer aufzufahren und dieses Leben hier zu beenden. Er bestätigte mir meine Unsicherheiten nur zu gut. Ich war verliebt in diesen Menschen und er vermittelte mir: „Du bist wertlos, du bist mir egal, du bist nicht genug!" Gefühle, die ich so oft in meinem Leben schon durchleben musste – immer wieder holten sie mich ein. Im Grunde war er ein sehr netter Junge, der aus eigener Unsicherheit gehandelt hatte und im Nachhinein betrachtet ein großes Geschenk für mich war, auch wenn es Jahre dauerte, bis ich diesen Schmerz überwunden hatte. Er zeigte mir schlussendlich das auf, was ich nach außen ausstrahlte, was ich innerlich spürte und worauf ich mich deshalb dauernd stark konzentrierte.

Er ist wie so viele Menschen in unserem Leben nur ein Spiegel der eigenen Innenwelt.

Das war jedoch nicht alles: Ein Junge sagte mir, ich sei in seinen Augen zu dick und hätte zu viele Unreinheiten im Gesicht, weshalb er nicht mit mir zusammen könne. Das traf mich so sehr, dass ich wirklich übergewichtig wurde und das ungesunde Essen nutzte, um meine innere Leere zu füllen. Dann lernte ich einen anderen Jungen kennen, der mich zwar mochte, mich aber dauernd wegen meiner überschüssigen Kilos aufzog, weil er wahrscheinlich doch lieber eine schlankere Freundin gehabt hätte.

Ich wollte wieder mehr Freude in meinem Leben verspüren, diese Unsicherheiten und diese Leere zu füllen. Also habe ich Job gewechselt für einen Neustart und ging in ein anderes Unternehmen. Ich hasste die Arbeit dort schnell, gleichzeitig fühlte ich mich aber wichtig und wertvoll in dieser Position. Zum Glück bemerkte mein Arbeitgeber das und stellte mich vor die Wahl – ich entschied zu kündigen.

Mit 18 Jahren war ich dann an einem Punkt angekommen, an dem ich genug vom derzeitigen Leben hatte. Alles Erlebte ließ mich wieder so nutzlos fühlen, dass ich mich entschied, das Leben endlich einfach zu genießen. Damals war ich immer noch mit diesem Jungen zusammen, der selbst keine Arbeit hatte, und wir feierten ein halbes Jahr lang durch, tranken viel Alkohol, rauchten eine Zigarette nach der anderen, aßen nur ungesunden Kram und lebten in den Tag. In dieser Phase hatte ich fast keinen Kontakt zu meiner Familie, ich war eine große Enttäuschung und bekam das auch vermittelt. Also wieder nicht gut genug, um von anderen geliebt zu werden.

Rückblickend war mein Verhalten ein riesiger Hilfeschrei. Allerdings hatte ich bis dahin keinen einzigen Menschen in meinem Leben, dem ich mich anvertrauen hätte können. Über Gefühle hatte man bei uns noch nie gesprochen. Auch hatte ich keine Ahnung, was in mir vorging – Selbstreflexion hätte alles verändert. Auf diese Art und Weise allen zu trotzen und zu rebellieren, war damals meine einzige Lösung.

Ich hasste mich mit jedem Tag mehr, spürte so viel Schmerz und Wertlosigkeit. Da ich nochmal neu beginnen wollte, suchte ich mir wieder einen Job – außerdem wurde auch das Geld knapp. Dort lernte ich einen sehr netten Jungen kennen, der mir das Gefühl gab, einfach perfekt und wunderbar zu sein. Daraufhin hatte ich die Kraft, meinen damaligen, „toxischen" Freund zu verlassen. Ich stürzte mich aufgrund meiner vielen Unsicherheiten direkt in die nächste Beziehung, ohne eine Pause für mich zu machen, die ich so dringend gebraucht hätte – um mich selbst zu verstehen, um einfach mal allein zu sein und darüber nachzudenken, was ich eigentlich vom Leben erwartete.

Aus meinem Selbsthass heraus, der trotz dieser netten Person natürlich noch da war, habe ich sie nach nicht langer Zeit wieder verlassen und so leider sehr verletzt. Ich wollte wieder mein altes Leben zurück, in meine alte Heimat und wieder so aussehen wie mit zwölf (obwohl ich wie beschrieben zuerst auch schon unglücklich mit meiner Größe M war). Alle diese Menschen, Momente und Situationen haben mir meine Unsicherheiten bestätigt und noch viel realer werden lassen. Sie sind zu meiner Persönlichkeit geworden.

Also suchte ich mir mit 20 Jahren wieder eine Arbeit in meiner gewohnten Umgebung und schaffte es nach und nach, mein Aussehen etwas zu „optimieren", die Diätexperimente gingen also weiter. Zufrieden war ich damit immer noch nicht, aber ich glaubte, langsam zu akzeptieren, dass ich niemals schön genug sein würde.

In dieser Zeit lernte ich meinen jetzigen Mann kennen, Alex. Theoretisch hätten wir uns niemals kennenlernen können. Alles in unserem Leben und vor allem an jenem Tag hatte dagegengesprochen. Er war auf einer Party eingeladen am 15. August, einem Feiertag, an dem kein Koch in Italien jemals frei hat, weil in den Restaurants die Hölle los ist. Aus einem ihm unerfindlichen Grund und nachdem er beim Chef nochmal nachgefragt hatte, ob das wirklich in Ordnung war, bekam er also für diesen Tag und den nächsten halben Tag frei. Ich war mit meinen Mädels in einer anderen Stadt beim Feiern unterwegs.

Die Party von Alex wurde spontan abgesagt und eine meiner Freundinnen wollte plötzlich unbedingt in einen anderen Club – ohne wirklichen Grund und obwohl wir Spaß hatten. Als wir schließlich auf der Couch im besagten Club saßen, machte mich eine Freundin darauf aufmerksam, dass der Typ am Tresen mir gefallen könnte. Was an sich wieder ein Widerspruch war, normalerweise hätte sie ihn sich geschnappt, da er Tattoos, Bart und Cappy trug. Ich hätte ihn nie angesprochen, weil ich ihn viel zu schön und cool fand für mich, ich fühlte mich viel zu hässlich für diesen Mann. Doch bevor ich ihr antworten konnte, schnappte sie mich, zog mich zu Alex, stellte uns vor und verschwand sofort wieder. Durch diese peinliche Aktion kamen wir dann schnell ins Gespräch. So begann alles. So führte das Universum uns zusammen und von da an über die kommenden Jahre änderte sich einfach alles.

Wir beide haben in den letzten zehn gemeinsamen Jahren so viel innere Wandlung durchmachen dürfen, wir sind zwei komplett andere Menschen als damals. Der Startschuss dafür fiel für uns beide mit der Geburt unseres ersten Kindes. Das größte Glück, das uns damals geschenkt wurde.

Mir gefiel es zuerst, schwanger zu sein, endlich musste ich meinen Bauch nicht mehr einziehen, sondern streckte ihn sogar mit Stolz und Freude hinaus. Auch redete ich mir ein, dass ich sicher mehr essen könnte, weil ich ja für zwei Menschen essen musste. Eine spitze Ausrede, mich die gesamten Monate wieder ziemlich unvorteilhaft zu ernähren. Nebenbei bewegte ich mich sehr wenig. Alle anderen in meinem Alter, 21, waren bei der Arbeit und ich war sehr viel allein. Ich aß ständig aus Langeweile, lag viel auf der Couch und spielte „Candy Crush" am Handy, nebenher lief immer die Glotze. Gegen Ende der Schwangerschaft war ich überall kugelrund und froh, als das Baby endlich in meinen Armen lag.

Das Essen war für mich dann immer noch Thema, ich redete mir auch weiterhin ein, viel essen zu müssen, damit mein Baby genug Muttermilch von mir bekam. Nach drei Monaten – ich weiß noch genau, wie ich damals mit dem Baby im Tragetuch auf dem Rücken seitlich in den Spiegel schaute – sah ich mich an und mir stiegen fassungslos Tränen in die Augen.

In diesem Moment bekam ich meine Motivation geschenkt.

Alle Versuche, fit zu werden, abzunehmen und mich endlich zu lieben, blieben die ganzen vergangenen zehn Jahre über erfolglos. Unser Kind aber lächelte mich in diesem Moment im Spiegel an und ich hatte endlich den Grund gefunden: Ich wollte ihm nicht meinen ungesunden Lebensstil weitergeben, es sollte ganz selbstverständlich gesund und fit durchs Leben gehen, sich wertschätzen und lieben. Auf keinen Fall sollte es dieselben Unsicherheiten mit sich tragen wie ich bisher. Weil ich wusste, welcher innere Schmerz das war, sollte dieses kleine Wesen so etwas nicht erleben müssen. Nicht meinetwegen. Es verdiente eine Mama, die mit ihm spielen konnte, ihm nachlaufen konnte, ohne gleich aus der Puste zu sein, mit ihm Fußball spielen konnte und ohne Selbstzweifel mit ihm ins Schwimmbad gehen konnte, um Spaß zu haben.

Von diesem Tag an musste ich mich nicht mehr zum gesunden Essen zwingen, ich hatte meine beste Motivation gefunden und die zeigte Wirkung wie keine andere. Wenn wir oberflächlich bleiben, ist das viel zu wenig Antrieb für echte Veränderung.

Die beste Motivation ist **immer**, nicht nur dir selbst, sondern gleichzeitig anderen Menschen zu helfen – anstatt nur ihnen zu gefallen!

Anfangs wollte ich nur abnehmen, um schön für andere zu sein, um gut genug zu sein. Ich wollte mit dem Abnehmen, mit einem schlankeren Äußeren meine innere Leere kompensieren. Als ich für mein

Kind abnehmen wollte, um sein Leben unbeschwerter und schöner zu gestalten, war Aufgeben keine Option mehr.

Warum möchtest du etwas in deinem Leben verändern? Welche Vorteile hast du und welche die anderen Menschen? Warum willst du gesund werden? Um ein Vorbild für andere zu sein, andere mit deiner Einstellung anzustecken und ihnen so zur eigenen Genesung zu verhelfen? Um mit deinen Kindern noch lange spielen und Zeit verbringen zu können? Um mit Lieblingsmenschen das Leben feiern zu können und sie mit deiner neu gewonnenen Einstellung selbst täglich dankbar für die eigene Gesundheit sein zu lassen? Oder um deinen Träumen nachgehen zu können, die du schon immer hattest, aber bisher immer aufgeschoben hast?

Warum willst du dein eigenes Haus? Um einfach darin zu wohnen, weil man das halt so macht, weil man dann was erreicht hat in den Augen anderer oder um deiner Familie ein Stück Sicherheit zu schenken? Um Bäume im dazugehörigen Garten zu pflanzen, die euch alle nähren und viele weitere Generationen glücklich sein lassen? Um ein Fleckchen Erde schöner zu machen, es gesund zu halten und deinen Kindern dieses Geschenk zu hinterlassen? Weil deine Lieblingsmenschen und/oder du dich so zu Hause fühlen auf dieser Erde?

Warum möchtest du einen neuen Partner, eine neue Partnerin oder Kinder? Weil man das in deinem Alter unbedingt haben sollte, weil es normal ist? Um nicht mehr mit dir allein sein zu müssen? Dich nicht mehr mit dir selbst und deinem Innenleben beschäftigen zu müssen oder um wundervolle Momente mit anderen Menschen zu teilen? Dieses Abenteuer und diese Welt mit anderen zu erleben?

Warum möchtest du mehr Geld? Um dir alles leisten zu können? Um noch mehr Materielles zu Hause zu haben, das dich immer unglücklicher macht? Damit andere Menschen neidisch sind oder sehen, wie erfolgreich, wertvoll und gut genug du bist? Oder möchtest du es haben, um mit viel weniger Sorgen durchs Leben zu gehen? Um anderen damit zu helfen, zu spenden und die Geschäfte und Leute zu unterstützen, die sich mit ganzem Herzen was aufgebaut haben? Um hochwertige

Produkte zu kaufen von erwachsenen Arbeitern und Arbeiterinnen, die gerecht bezahlt wurden? Um diese Welt noch besser kennenzulernen, dich an den verschiedensten, magischen Orten in sie hineinzufühlen? Um an diesen Orten Gutes zu tun?

Die Liste an guten Motivationen ist unendlich.

Warum möchtest du dein Ziel erreichen? Finde deine **gute** Motivation dahinter.

Ich lade dich wieder dazu ein, die Antwort auf diese Frage schriftlich zu notieren. Das Aufschreiben ist ein sehr wichtiger Prozess bei der Selbstreflexion. Du kannst dafür jedes beliebige Notizbuch verwenden, oder einen Block, oder einzelne Zettel.

Bei meinem Onlineprogramm „Inner Healing" sende ich den Menschen ein wunderschönes Notizheft aus Kork zu, eingewickelt in ein Seidenpapier, mit getrocknetem Efeu von meinem Bäumchen als Symbol für Reinigung und Neuanfang und umwickelt mit hochwertiger Wolle. Das Aufschreiben der eigenen Gedanken in diesem Buch ist für die Teilnehmenden ein sehr wichtiger Prozess in diesen zehn Wochen. Trotzdem schreiben mir manchmal einige von ihnen, dass sie das Buch noch komplett unbeschrieben zu Hause in einer Schublade verstaut haben. Sie schaffen es nicht, etwas hineinzuschreiben und beantworten meine Fragen, die ich ihnen im Laufe des Programms stelle, einfach im Kopf.

Wir Menschen sind Meister darin,
uns selbst zu belügen und auszutricksen,
nur um uns nicht verändern zu müssen.

Wenn man die eigenen Gedanken, Gefühle und Überlegungen aufschreibt, hat das eine enorme Kraft. Wir lassen sie zu und können sie schwarz auf weiß lesen. Wir gestehen uns unsere Verwundbarkeit und „Fehler" somit ein und brechen die Selbstlügen, die wir uns vielleicht jahrelang eingetrichtert haben. Das Geschriebene zwingt uns vielleicht aus unserer Komfortzone und verlangt echte Veränderung von uns ab. Und das kann erstmal schmerzen.

Als Selbstschutz haben also einige dieser Seelen erst gar nicht damit begonnen, im Rahmen meines Onlineprogramms alles niederzuschreiben. Nach dem Austausch mit ihnen habe ich sie dazu ermutigt, doch damit zu beginnen. Was dann geschah, war atemberaubend. So gut wie alle haben mir nach einigen Tagen berichtet, wie blockiert sie vor dem Notizheft waren. Sie konnten anfangs nicht schreiben. Als sie sich aber dazu zwangen und den Selbstschutz somit ablegten, brachen viele in Tränen aus. Sie schrieben und schrieben und erhielten die größten Erkenntnisse ihres Lebens. Sie verstanden sich viel besser, wurden sich vielem bewusst und fühlten teilweise bereits dann eine tiefe innere Heilung. Wie eine innere Mauer, die von den Menschen über die Jahre aufgebaut wurde und nun endlich begann, zu bröckeln, wodurch wieder mehr Licht in ihr Inneres scheinen konnte.

Niemand ist nach dem Aufschreiben, nach der Selbstreflexion derselbe Mensch wie vorher. Dadurch baust du den Weg zu deinem neuen Leben; deinem Lebensweg, auf dem du ein neuer, glücklicher Mensch sein wirst.

❞ Ich stelle dir also noch einmal die Frage: **Warum** willst du dieses bestimmte, von dir gewählte Ziel erreichen? Was ist deine besondere Motivation dahinter? Schreibe die Antwort in dein Notizbuch. ❝

Was genau lässt uns Menschen so gelangweilt und unglücklich sein?

Für mich änderte sich nach diesem Aha-Moment mit meinem Sohn vor dem Spiegel alles. Bis dahin aber war mein Leben nicht wirklich aufregend oder sonderlich erfüllend. Ich hatte einen tollen Mann, der aber nicht wirklich oft Zeit hatte (Koch). Da auch sonst selten jemand Zeit hatte, war ich viel allein. Mit meiner Familie hatte ich bis zu der Geburt unseres Kindes wie erwähnt wenig Kontakt. Ich hatte bis dahin Arbeiten, denen ich nachging, damit ich etwas machte, nicht aber, weil sie meine Erfüllung waren. Alles fühlte sich wahnsinnig oberflächlich und langweilig an. Auch Alex und ich waren ganz anders in den ersten Jahren unserer Beziehung: Wir waren beide eher verschlossen, waren es beide nicht gewohnt, über Gefühle oder Probleme zu reden, und unternahmen an seinem einzigen freien Tag auch nie sehr viel, da er ausgelaugt und müde von der Arbeit war. Wir redeten nie über Wichtiges, das uns beschäftigte, und lebten ein wenig nebeneinanderher. Wir waren zwei sehr sensible Menschen, die keine Ahnung davon hatten, wie man eine glückliche Beziehung führt.

Ich kann keinen genauen Zeitpunkt nennen, in dem wir begannen, uns beide weiterzuentwickeln, aber es passierte in etwa, als wir Eltern wurden. Wir hatten eine gemeinsame Lebensaufgabe und von diesem Tag an fanden wir uns immer mehr und mehr, lernten viel dazu und vor allem uns zusammen viel besser kennen. Nicht von Anfang an, aber mit der Zeit.

Als ich dank meiner neuen hervorragenden Motivation begann, endlich abzunehmen und meinen Körper neu zu formen, wurde meine Lebenslust noch viel stärker geweckt. Ich fühlte mich plötzlich so viel schöner und angenommener und strahlte das auch aus. Das wirkte sich auch auf unsere Beziehung positiv aus, da ich diese Freude und diesen Stolz, zum ersten Mal im Leben etwas geschafft zu haben, auch ausstrahlte. Ich war glücklicher und zufriedener in allen Bereichen meines Lebens und viel fitter. Ich spürte rundum mehr Lebenslust, alles machte Sinn für mich.

Aus dieser Anfangseuphorie heraus gründete ich damals eine Facebookgruppe, um den Menschen zu zeigen, wie einfach es sein kann abzunehmen. Durch die unzähligen Diäten, die ich selbst schon probiert hatte, verstand ich genau alle die, die es nicht schafften abzunehmen. Das war meine Stärke. Heute verstehe ich auch, warum ich damit so viele Menschen erreichte, warum ich nach kurzer Zeit 15.000 Mitglieder in der Gruppe hatte und sie mir täglich ihre Erfolge zusendeten. Ich hatte (unbewusst) die Motivation, anderen zu helfen – ohne Hintergedanken. Das war mein Antrieb, um sogar selbst leichte Rezepte zu kreieren, ihnen täglich Motivation zu schenken und meine Tipps weiterzugeben. Es entstand mein erstes Kochbuch, das ganze 16 Wochen auf Platz 1 der Bestsellerliste in Südtirol stand.

Einfach weil ich helfen wollte, weil alles, das man aus vollem Herzen tut, nur gut werden kann, wie ich heute weiß.

Aber die Geschichte geht weiter: Das Blatt wendete sich. Alle gratulierten mir zu meiner schlanken Figur und bestätigten mir wieder: „So wie du vorher ausgesehen hast, warst du nicht gut genug. Jetzt, wo du dich angepasst hast, akzeptieren wir dich und finden dich gut genug und schön." So sind wir wieder bei den Komplimenten über das Aussehen anderer Menschen, wir können damit sehr viel anrichten. Auch wenn sie nett gemeint sind.

Nach einiger Zeit mit meiner schlanken Figur begann ich wie früher, mich mit anderen zu vergleichen. Ich fand um mich herum alle hübscher und noch schlanker. Sie hatten in meinen Augen keine überschüssige Haut einer Schwangerschaft, grundsätzlich perfekte Haut ohne Unreinheiten und Narben, gerade Zähne und vor allem keine Cellulite.

Ich sah und übersah Äußerlichkeiten an anderen Frauen und fühlte mich schrecklich. Obwohl ich meine Figur verändert hatte – mittlerweile von einer Kleidergröße XL–L zu einer Größe XS – und topmotiviert war, waren meine inneren Unsicherheiten, die Leere und Langeweile dem Leben gegenüber immer noch vorhanden. Das alles war noch in mir, weil ich oberflächlich blieb.

Ich dachte wirklich, ich könnte mein Inneres durch das Äußere reparieren!

Ich sehe und spüre täglich so viele Menschen, denen es nicht gut geht. Nicht immer, weil ihnen etwas Schlechtes passiert ist, sondern als Dauerzustand. Ich sehe täglich so viele Menschen, die mit finsterer oder trauriger Miene durch die Straßen gehen, die permanent schlecht über andere sprechen, viele, die mit Worten oder auch körperlich verletzen.

Genau so war ich viel zu viele Jahre lang. Ich übertrug meine inneren Themen und „Fehler" auf andere, auch nach meinem körperlichen Wandel. Denn im Herzen fühlte ich mich immer noch nicht gut genug, liebte mich immer noch nicht selbst. Auch wenn ich das anfangs dachte. Ich fühlte mit der Zeit einen immer stärkeren Widerstand mir und meinem Verhalten gegenüber, ich hasste, wie ich war, innerlich und äußerlich und war gefühlt wieder am Anfang meiner Reise, als ich zwölf Jahre alt war.

Ein perfektes Beispiel dafür, dass eine Veränderung des Körpers – welche auch immer das ist – nicht glücklich macht, wenn wir unsere Seele, unser Inneres nicht beachten. Wenn wir das Warum nicht verstehen und uns selbst komplett fremd bleiben.

Vielleicht denkst du dir jetzt: „Ich will gar nicht abnehmen oder etwas an meinem Körper verändern, ich will einfach nur glücklicher und zufriedener werden, ein neues Hobby erlernen, mich beruflich neu orientieren, mehr Geduld haben, mehr Leichtigkeit im Leben spüren ..."

Erstmal bist du da eine große Ausnahme auf dieser Welt: Es gibt unglaublich viele Menschen, die etwas an ihrem Äußeren verändern möchten, weil sie sich nicht mögen, weil sie sich nicht lieben, akzeptieren und respektieren. Das hat nicht immer mit dem Gewicht zu tun. Die Unzufriedenheit kann genauso Narben, Dellen, die Ohren, die Nase, die Zähne, die Wangen betreffen. Wenn man will, findet man absolut immer etwas an sich, das man nicht mag, das kann eine Endlosschleife bleiben bis zum Ende deines Lebens.

Doch alles, was ich dir bisher geschildert habe, kannst du auf alle Bereiche/Veränderungen deines Lebens ausweiten bzw. übertragen. Es muss nicht um deinen Körper gehen, vielleicht möchtest du einfach den Mut haben, einer neuen Arbeit nachzugehen oder eine neue Sprache zu lernen. Bis zum Schluss geht es immer um unsere Seele, unser Inneres, das wir genauer anschauen, reflektieren und verstehen dürfen. Wir tragen so viele alte Glaubenssätze in uns, von denen wir denken, dass sie zu uns gehören. Sie werden uns oft als Kinder so stark eingetrichtert, dass wir denken, es sei unsere eigene Wahrheit. Auch die negativen Verhaltensweisen von den Menschen in unserer unmittelbaren Umgebung schauen wir uns sehr gerne ab und übernehmen sie, meist unbewusst.

Wir sind soziale Wesen und tun sehr viel, um von anderen akzeptiert und angenommen zu werden. Die meisten von uns wurden zu gesellschaftsfähigen Erwachsenen erzogen. Nicht weil unsere Eltern oder Erziehungsberechtigten es böse meinten, sondern weil sie es selbst nicht anders kannten, sie kannten keine Alternativen und Optionen. Ihnen war es nur wichtig, dass wir dazugehören dürfen. Sie meinten und meinen es gut.

Ich allerdings denke, dass du anders bist. Etwas in dir möchte rebellischer werden, ausbrechen und dieses Leben neu erleben. Du hättest dieses Buch sonst nicht in deinen Händen, glaube mir. Da ist noch sehr vieles, das auf dich wartet.

Das bedeutet nicht, dass du dich von der Gesellschaft abwenden musst, dich niemand mehr mögen wird und du zum Einsiedler oder zur Einsiedlerin wirst. Im Gegenteil: Du wirst immer mehr Menschen in dein Leben ziehen, die dein neues Lebensfeuer lieben, die es dir nachmachen und denselben Wandel erleben. Ich fühle, dass wir alle verbunden sind, absolut alle auf dieser Welt. Mit deiner inneren Heilung, deiner Veränderung heilst du uns alle ein Stück weit mit und dafür möchte ich dir von Herzen danken!

Die Tür zu deinem neuen Lebensweg: Selbstreflexion

Es begann in unserer Kindheit

Das Leben ist nicht hart, es ist nicht unfair und du bist ihm niemals schutzlos ausgeliefert, auch wenn du das im Moment vielleicht so fühlst. Im Gegenteil: Egal, was dir vielleicht von klein auf eingetrichtert wurde, welche Glaubenssätze dir an den Kopf geworfen wurden, das ist nicht deine Wahrheit. Du wirst in diesem Buch noch darüber lesen, wie wir in „schlimme" und eventuell unfaire Situationen gelangen.

Für mich waren es vor allem diese Sätze, die mich bereits im Kindesalter negativ geprägt haben:

- „Sei doch mal normal!", „Warum kannst du nie normal sein oder etwas Normales tun?"
- „Schau dir deine Schwester an, sei wie sie."
- „Schau dir die anderen Kinder an, sie stellen sich alle nicht so an."
- „Du darfst niemals weinen, wenn du dir wehgetan hast, sonst lachen dich die anderen aus."
- „Schau, wie die anderen uns anschauen, die reden alle schon blöd über dich."
- „Im Leben bekommt man nichts geschenkt."
- „Das Leben ist kein Wunschkonzert."
- „Man kann nicht immer nur das machen, worauf man Lust hat, das Leben ist nicht so einfach."
- „Man muss im Leben immer wieder das machen, was man nicht will, das ist halt so."

- „Nur durch harte Arbeit ist man was wert."
- „Du magst einfach gar nichts außer Nutellabrot."
- „Du bist extrem heikel, du magst ja gar nichts."
- „Du machst immer nur das, was du willst, so geht das nicht im Leben."
- „Du bist egoistisch und denkst immer nur an dich selbst."
- „Menschen, die viel Geld haben, sind korrupt, unehrlich und arrogant."
- „Man muss immer nett sein mit den anderen, streiten darf man nicht, sei dann einfach still und lasse es über dich ergehen."

Wir übernehmen unglaublich viele Glaubenssätze bereits als Kind von den Erwachsenen. Diese haben sie ebenso von ihren Eltern oder Lehrpersonen übernommen und eingetrichtert bekommen, welche wiederum von anderen Erwachsenen beeinflusst wurden. Das geht zahlreiche Generationen zurück, bis in eine Zeit, in der man nur funktionieren und stark sein musste, um so gefühllos wie möglich im Krieg zu kämpfen.

So viel Menschlichkeit ist damals verloren gegangen, so wenig Liebe durfte mehr durchsickern, was bis heute große psychische Schäden in sehr vielen von uns hinterlassen hat.

Wir sind soziale Wesen, brauchen die Gesellschaft und die Nähe zu anderen Menschen. Deshalb glauben wir vor allem in jungen Jahren alles und lassen uns verbiegen, um dazuzugehören. Doch wir brauchen niemanden in unserem Leben, der oder die uns alles verbietet und die Autoritätsrolle zum eigenen Wohlbefinden ausnutzt.

Wir sehen immer wieder Menschen, die ihre Kinder anschreien, sie beschimpfen, vor anderen klein machen und sogar auslachen. Ebenso gibt es viel zu viele Kinder, die dasselbe mit anderen Kindern machen. Sie kennen es vielleicht nicht anders, aber eines ist klar:

Sowohl die Erwachsenen als auch diese Kinder wollen nur eines: gesehen, wertgeschätzt und geliebt werden. Kein Mensch, egal ob Groß oder Klein, würde andere Menschen psychisch oder physisch verletzen, wenn er genug Liebe in seinem Leben spüren würde!

Tatsächlich werten das immer noch viel zu viele Menschen als „normal". Wir dürfen uns immer wieder Folgendes ins Gedächtnis rufen: Mit unseren Kindern sollten wir mindestens so respektvoll umgehen wie mit einem Erwachsenen, den wir respektieren!

Das klingt logisch und nachvollziehbar, oder? Leider aber haben viele von uns als Kind selbst etwas anderes erfahren, sodass wir glauben, wir müssten unsere Kinder „unter uns" und kleinhalten, weil wir der Chef bzw. die Chefin sein müssen. Eltern müssen alles und immer über ihre Kinder bestimmen, ansonsten sind sie Versager! Die schlauen Belehrungen anderer – oft kinderloser – Erwachsener spielen uns dabei nicht wirklich in die Karten.

Ich wurde bei einem Wutanfall eines unserer Kinder in der Öffentlichkeit mal gefragt, ob wir nicht endlich mal konsequenter mit ihm umgehen wollen, weil es anscheinend ziemlich außer Rand und Band sei. Zugegeben, so eine Aussage macht fast immer was mit einem, schließlich wird man darauf hingewiesen, als Elternteil versagt zu haben. Natürlich ist es sehr einfach, als außenstehende Person Tipps zu geben. Doch vor allem bei diesem Thema dürfen wir noch viel vorsichtiger werden. Wie bei vielen anderen Themen sollten wir viel neutraler auf Situationen im Außen reagieren – ohne vorwurfsvolle Gedanken und eigene Schlussfolgerungen.

Ich verstehe meine Kinder so gut wie niemand auf dieser Welt, ich weiß, warum sie wann wie reagieren. Wie auch wir Erwachsenen machen sie Lebensphasen mit, an denen sie zu nagen haben. Auch wir sind manchmal wütend, traurig oder unsicher. Oft sogar ohne erfindlichen Grund oder weil wir müde, hungrig oder gestresst sind. Dabei können Kinder im Gegensatz zu uns Gefühle noch rauslassen, sie zeigen sie. Das ist wohl das Schönste und eines der wichtigsten Eigenschaften an ihnen. Wenn auch oft sehr nervenaufreibend – das kenne ich zu gut.

Warum sollten wir ihnen verbieten, ihre Gefühle zu unterdrücken, solange sie niemanden verletzen? Damit sie genauso verklemmt und innerlich unsicher und kaputt werden wie die meisten von uns Erwachsenen? Das, was in so einem Ausbruch der Kinder wohl am wenigsten hilft, sind Drohungen und Beschimpftwerden. Auch wenn das noch sehr tief in uns verwurzelt ist und als „richtige Lösung" angepriesen wird. Da nehme ich mich auf keinen Fall raus: Manchmal sind meine Nerven nach ewigem Geschwisterstreit oder dauerhaft schlechter Laune und Sticheleien der Kids einfach am Ende, dann erwische ich mich, wie ich laut werde. In diesem Moment kommen die alten Verhaltensmuster in mir hoch, die ich selbst als Kind gesehen und gespürt habe. Ich bin am Ende und so verzweifelt, dass ich mir nicht mehr anders zu helfen weiß, als eine Drohung auszusprechen. In diesen wenigen Momenten habe ich keine Kontrolle über mich, denn ich weiß eigentlich, dass mein Verhalten nicht zu einer guten Lösung führt. Aus Verzweiflung versuche ich, mich aber daran zu klammern und doch daran zu glauben. Für die meisten mag sich das sehr harmlos lesen, eine Drohung auszusprechen. Würden wir bei unserem geliebten Partner oder einem anderen Lieblingsmenschen dasselbe tun? Würden wir ihnen drohen? Eher nicht. Warum? Ja, weil sie erwachsen sind und man das nicht tut. Wir respektieren sie. Warum machen wir es mit unseren Kindern? Weil wir glauben, der Chef sein zu müssen.

Bitte hören wir endlich auf damit!
Wir könnten so viel in uns selbst heilen,
wenn wir endlich aus diesem Verhaltensmuster
ausbrechen würden und unsere Kinder wieder
als gleichberechtigte Wesen erkennen!

Vor einigen Jahren bekam ich eine Nachricht einer Followerin, sie schrieb: „Silvi, heute im Supermarkt hat sich meine Tochter strampelnd auf den Boden geschmissen, weil sie nicht die Süßigkeiten bekam, die sie dort sah. Eigentlich wollte ich schimpfen und mit Strafen drohen oder einfach weggehen, bis sie mir nachrennt, weil sie Angst hat, dass ich ohne sie gehe. Heute aber habe ich an die Worte gedacht, die du vor Kurzem gepostet hast. Ich habe mich zu ihr auf den Boden gekniet und ihr gesagt, dass ich sie verstehe, warum sie diese Süßigkeiten gerne haben würde, aber ich auf ihre Zähne aufpassen will und ihr deshalb nicht immer so was kaufen möchte. Sie ließ sich von mir aufheben und ich habe sie einfach ganz lange umarmt. Das war's schon. Sie war wieder fröhlich und wir hatten einen entspannten Einkauf, ohne ihr die Süßigkeiten kaufen, sie schimpfen und ihr drohen zu müssen. Es fühlte sich so schön an. Danke, Silvi."

Leider ist so etwas nicht so einfach, weil diese Glaubenssätze so tief in uns gespeichert sind und weil dieser Schmerz, falsch, nicht gut genug und nicht wertvoll zu sein, immer noch aktiv ist. Meistens völlig unbewusst.

Wie also beginnen?

Wir können uns unserer Glaubenssätze und Verhaltensmuster und speziell unserer „Standardsätze", wie auch oben in meinen Beispielen beschrieben, bewusst werden. Das ist wohl der erste und wichtigste Schritt. Egal, ob es dabei um deine Kinder geht, um andere Kinder, um deinen Partner, deine Partnerin oder eine andere Person. Wir alle haben diese Standardsätze, die – wenn wir ernsthaft darüber nachdenken – absolut keinen Sinn ergeben und etwas Negatives in anderen auslösen können.

Als zweiten Schritt sollten wir uns immer wieder selbst dabei ertappen, wenn wir einen dieser Sätze zu jemandem oder auch uns selbst (!) sagen. Wir erkennen sie in Zukunft immer öfter und reflektieren so unser Verhalten. Wir lernen uns, unser Verhalten und unsere Gedanken sehr gut kennen.

Als dritten Schritt können wir uns aufrichtig bei den Menschen entschuldigen, wenn uns mal wieder ein solcher Glaubenssatz rausrutscht. Wenn es um Kinder geht, dürfen wir sie halten oder uns zu ihnen setzen, auf Augenhöhe bringen, und uns von Herzen für das Gesagte entschuldigen! Ja, das dürfen wir wirklich. Wir können auch für uns selbst Verständnis zeigen, wenn dieser Glaubenssatz nur uns selbst betrifft.

Mit diesem Schritt passiert die Heilung! Wir lernen nicht nur für uns und lösen nach und nach eigene innere Blockaden auf, sondern auch die der anderen. Egal ob Kinder oder Erwachsene, wir lehren sie dabei wohl eines der wichtigsten Dinge der Welt: respektvoll mit Mitmenschen umzugehen, sich entschuldigen zu können, wenn man einen Fehler gemacht hat, und zu vergeben. Auch sich selbst. Sie verstehen, dass Fehler normal und okay sind. Eigenschaften, die uns Erwachsenen leider noch viel zu oft fehlen. Aber ich zähle auf dich, weil ich weiß, dass du einer der Menschen bist, die das Geschriebene umsetzen und somit viel mehr Liebe in die Welt bringen. So viel mehr Liebe, die wir alle dringend nötig haben!

Im vierten Schritt sollten wir diese Sätze und Worte immer weniger anwenden und unser Verhalten ändern. Durch die Selbstreflexion dürfen wir das eigene Leben so viel schöner und voller Glück erleben. Denn das kann die Liebe!

Es geht bei deiner Veränderung auch darum, dich viel besser kennenzulernen, deine inneren Schatten zu erkennen und dich dadurch weiterzuentwickeln. So macht das Leben wieder Spaß und du wirst – bei welchem Ziel auch immer – nicht „rückfällig". Du verstehst, dass dich Oberflächlichkeit nicht weiterbringt und das Leben dafür viel zu schade ist.

Das Erkennen deiner inneren, negativen Glaubenssätze zeigt dir plötzlich neue Chancen auf, du hast dich bereits auf den Weg in ein neues Leben gemacht, zuerst musst du dafür aber durch eine Tür. Die hast du gerade kreiert!

» Was sind die Glaubenssätze, die du mit dir herumträgst? Was hast du vielleicht besonders als Kind immer vermittelt bekommen und blockiert dich in vielen Situationen deines Erwachsenenlebens? Notiere Sie in dein Notizheft. «

Der Schlüssel: Selbstverständnis

Sich der eigenen Glaubenssätze bewusst zu werden, ist ein sehr großer Schritt, der viel Schmerz an die Oberfläche holen und viel Kraft kosten kann. Wir müssen das Reflektierte oft erst verdauen und bekommen nach und nach ein Gespür für alles, was wir so denken, obwohl es gar kein richtiger Teil von uns selbst ist. Wir haben Gedanken und Meinungen, die uns beigebracht wurden und uns und andere viel zu viele Jahre kleingehalten und am inneren Wachstum gehindert haben. Es ist nie zu spät, ein glücklicheres Leben zu führen, und alles, was uns blockiert, zu verändern. Dafür liest du dieses Buch.

Es kann sein, dass du an manchen Stellen dieses Buches aus Selbstschutz auf stur schaltest, es zuklappst, dich vielleicht über den Mist ärgerst, der hier steht.

Streiche dir diesen Satz fett an und erinnere dich immer wieder daran.

Eine tolle Frau, die mein Onlineprogramm „Inner Healing" begonnen hatte, schrieb mir nach ein paar Monaten:

„Liebe Silvi, ich habe damals dein Onlineprogramm gebucht und leider bereits nach zwei Wochen aufgegeben. Ich weiß nicht warum, irgendwie sträubte sich in mir alles dagegen und obwohl ich dich eigentlich seit jeher sooo toll finde, fand ich dich dann auch nicht mehr gut. Ich glaube, das war eine Ausrede, nicht weiterzumachen, mich nicht verändern zu müssen und vor allem nicht tiefer gehen zu müssen. Heute habe ich durch Zufall deinen Podcast angehört (dagegen sträubte sich in mir letztens auch alles) und wow. Was soll ich sagen, ich packte mein unbeschriebenes „Inner Healing"-Notizbuch aus, das du mir zugesendet hattest, und habe angefangen reinzuschreiben. Und nun sitze ich seit einer Stunde und schreibe. Gerade fiel mir ein, dass ich mich deswegen bei dir melden sollte. Ich bereue es, dass ich damals aufgegeben und die Chance nicht ergriffen habe. Du bist wunderbar und jetzt weiß ich auch, was dieses ‚Triggern' bedeutet."

Das ist eine meiner absoluten Lieblingsnachrichten. Sie verdeutlicht genau das, was vielen von uns passiert. Tiefer zu blicken, sich weiterzuentwickeln und Fehler zukünftig nicht mehr im Außen, sondern in sich selbst zu suchen, ist oft mit sehr viel Schmerz verbunden. Schmerz zu durchleben, ist leider die effektivste Variante, um weiterzukommen. Ich bin sicher, die Zeiten werden kommen, wo wir durch Liebe nachhaltig lernen, doch so weit sind wir noch nicht immer. Das finde ich auch nicht so schlimm, denn die innere Heilung, die nach so einem Prozess fühlbar ist, macht alles umso schöner – mit jedem Mal.

Dennoch haben wir alle verschiedene Methoden, uns zu verstecken, um diesen Schmerz nicht ertragen und fühlen zu müssen. Wir klappen Bücher zu, wir brechen Kontakte ab, wir überessen uns, wir beenden die Ausbildung, wir kündigen den Job oder wandern aus.

All das kann ein Wegrennen bedeuten, ist aber erstmal nichts Schlechtes. Wir schenken uns so den Raum, um durchatmen zu können.

Auf lange Sicht aber macht dieses „Wegrennen" keinen Sinn, unsere Themen holen uns immer wieder ein, bis wir sie erkennen und mit der Zeit vielleicht sogar auflösen können. Das ist eine wertvolle Vorgehensweise des Universums, unseres höheren Selbst, Gottes oder dessen, wie du diese Energie auch nennen magst.

Wir können diese Auszeit von den Triggern in unserem Umfeld, von dem wir flüchten, nutzen, um uns über uns und unser Leben klar zu werden, zu verstehen, was passiert ist und welche Lehre wir daraus ziehen. Der nächste Schritt wäre die Bereinigung mit dem Thema, dem

Menschen oder der Situation. Je nach Intensivität des Glaubenssatzes oder Themas geht das mal einfacher oder dauert seine Zeit.

Genauso wertvoll ist aber das Aufdecken von Verhaltensmustern. Glaubenssätze und negative Verhaltensmuster sind nicht dasselbe, aber auch nicht sehr unterschiedlich. Du hast dir bereits deine übernommenen Glaubenssätze notiert, die dir nicht guttun, diese Liste kannst du beliebig oft ergänzen. Mit der Zeit lernst du dich immer besser kennen und wirst noch den ein oder anderen Glaubenssatz aufdecken.

Negative Verhaltensmuster übernehmen wir auch sehr oft von unseren Eltern, Erziehungsberechtigten, Großeltern und Lehr- oder anderen Autoritätspersonen, zu denen wir aufschauen. Sie sind in vielerlei Hinsicht unsere Vorbilder, auch weil wir wie beschrieben sehr oft unbewusst von ihnen dementsprechend behandelt oder gar kleingehalten werden. Sie vermitteln uns etwas und wir glauben, dass sie unsere „Chefs" sind, die bei allem recht haben und perfekt sind. Als Kinder können wir das Verhalten von Erwachsenen noch nicht sehr gut einordnen oder gar als negativ erkennen. Auch wenn es offensichtlich wäre.

Verhaltensmuster, die ich mir als Kind von Erwachsenen abgeschaut habe:

- „Zuneigung wird nicht gezeigt, ansonsten gilt man als schwach."
- „Besonders in der Öffentlichkeit zeigt man auch den Liebsten keine Liebe, so was ist komisch und gehört sich nicht."
- „Rauchen ist cool und absolut normal."
- „Man muss beim Essen schnell sein, es schon fast runterschlingen."
- „Ungesundes Essen ist ein sehr wichtiges Tool, um sich besser zu fühlen."
- „Überessen und nachher mit ungutem Völlegefühl auf der Couch liegen, ist normal."
- „Über andere Menschen zu lästern, ist normal, auch wenn wir sie als Freunde bezeichnen."

- „Fehler findet man immer im Außen und bei den anderen."
- „Offen mit den eigentlichen Bezugspersonen zu reden, ist peinlich und gehört sich nicht – mit niemandem."
- „Ärger frisst man in sich rein, Hauptsache, man streitet mit niemandem und wird gemocht."
- „Man sollte sich für andere aufopfern und die eigenen Grenzen vergessen, dann wird man von anderen gemocht, das ist wahnsinnig wichtig."
- „Ohne gute Schulnoten ist man schlecht und wertlos."
- „Ich brauche Belohnungen, wenn ich was gut gemacht habe. Am besten Süßigkeiten und schöne Worte."
- „Man sollte immer machen, was alle anderen machen, und niemals auffallen oder etwas davon hinterfragen".
- „Wenn ich mir wehgetan habe oder es mir nicht gut geht, darf ich nicht weinen und bekomme schnell was Süßes oder darf fernsehen, um mich vom Schmerz abzulenken."
- „Kinder sind wertlos, man muss sie anschreien, darf ihnen keinen eigenen Willen lassen, sie beschimpfen und auch mal einen Klaps verpassen, damit sie nie vergessen, wer der Chef ist. Sonst hat man versagt."

Was davon kommt dir bekannt vor?

Du siehst, an manchen Stellen überschneiden sich die negativen Verhaltensmuster mit den Glaubenssätzen aus meinen eigenen Beispielen. Auch hier gilt wieder, diese erstmal zu erkennen, sich dabei im Alltag zu ertappen und sie so nach und nach aufzulösen.

Sich selbst endlich zu verstehen, auf einer Ebene, über die man bisher noch nicht mal nachgedacht hat, ist der Schlüssel zu echtem Wandel. In deinem Fall der Schlüssel zu deiner Tür auf deinem neuen Lebensweg.

❞ Was sind deine eigenen Verhaltensmuster, die du vielleicht bis heute in dir trägst und bei genauerem Hinsehen nicht gut findest und nicht verstehst, warum du nach ihnen handelst? ❝

Den Schlüssel umdrehen

Deinen Status quo verstehen und hinter dir lassen

Du hast den Schlüssel der neuen Tür zu deinem Wunsch-Leben in den vorherigen Kapiteln bereits kreiert. Bevor du ihn umdrehst und dich in dein neues Leben voller Glücksmomente und tiefer, innerer Zufriedenheit begibst, darfst du verstehen, wie du überhaupt auf deine alte, jetzige Linie gekommen bist. Zum Verstehen, Friedenschließen und auch um zu verhindern, dass du wieder dorthin zurückgezogen wirst, ohne es zu wollen.

Viele Menschen trauen sich nicht, sich hohe Ziele zu setzen und groß zu träumen. Mit deinen reflektierten Glaubenssätzen und negativen Verhaltensmustern kannst du jetzt viele Sorgen, Zweifel und Ängste nach und nach ablegen.

Es gibt ein wundervolles Phänomen, auf das ich vor vielen Jahren gestoßen bin und nach dem ich seither lebe:

Das Gesetz der Anziehung. Es besagt, dass wir das anziehen, was wir aussenden.
Wir kreieren so unser gesamtes Leben selbst.
Dein gesamtes Umfeld ist somit das Produkt deiner eigenen Gedanken und Gefühle.

Vielleicht ist das hier neu für dich und du hältst es für komisch oder sogar absoluten Blödsinn. Vielleicht bist du aber bereits vertraut mit diesem Thema und du kennst das Wort „Manifestation". Jetzt verstehst du die erste Übung – deine Ziele auszuformulieren –, die ich dir in diesem Buch vorschlage, eventuell auch besser. Egal was auf dich zutrifft, ich bin fest davon überzeugt, dass dieses Gesetz für uns alle gilt, ob wir daran glauben oder nicht. Bei mir persönlich hat es das gesamte Leben auf den Kopf gestellt und ich habe es bereits unzählige Male bewusst angewandt. Den Rest meines Lebens auch schon, aber eben absolut, ohne davon zu wissen. Es gibt wahnsinnig viele Bücher, Filme, Dokus und Videos über dieses Thema. Momentan scheinen immer mehr Menschen davon zu sprechen. Wir sind in einer Zeit angelangt, in der solche Dinge ihren Platz haben, wertvolles Wissen geteilt wird und wir endlich bereit dafür sind. Monatelang habe ich mich täglich eingelesen und dieses Wissen und die Erfahrungen großer Persönlichkeiten eingesogen. Bis zum Schluss habe ich meine persönliche Erfolgsmethode gefunden, um meine verrücktesten Wünsche und Träume zu verwirklichen: unzählige Geschenke, unerwartete, sehr hohe Geldsummen, bestimmte, wunderbare Menschen, unseren VW-Bus, sogar eine absolut kostenlose Rundreise nach Irland. Das hier sind wenige Beispiele, welche Fülle und welche Glücksmomente ich in mein Leben gezogen habe bis jetzt. Es passiert jeden Tag.

Alles – positiv sowie negativ – habe ich dadurch in mein Leben gezogen, das tun wir alle. Jeden Tag. Wie oft es mir passiert, dass ich an eine bestimmte Person denke und diese sich dann kurz darauf bei mir meldet oder ich sie „zufällig" treffe. Wie oft ich etwas im Kopf habe und dann „zufällig" etwas passiert, wobei sich meine Idee verwirklicht. Wie oft ich etwas haben möchte und sich dann durch wundersame Weise jemand meldet, der oder die genau das für mich hat. Es ist ein Wahnsinn, wenn wir beginnen, in diese Welt einzutauchen und sie zu verstehen, oder einfach nur wissen, wie mit ihr umzugehen.

Alles, was du bisher hier gelesen hast und noch lesen wirst, hilft dir, dasselbe zu schaffen.

So wie ich es spüre und fühle, geht es im Leben darum, so glücklich und zufrieden wie möglich zu sein. Das Leben zu genießen und vor allem andere Menschen damit anzustecken und sich gegenseitig dabei zu helfen.

Ich möchte es dir so einfach wie möglich erklären. Sehr oft schreibe und spreche ich in Videos und meinem Podcast davon, höher zu schwingen und so mehr Glück, Zufriedenheit und Fülle auf allen Ebenen in dein Leben zu ziehen.

Höher schwingen

Alles auf der Erde unterliegt einer Schwingung, einer Frequenz, die sogar gemessen werden kann: jedes Lebewesen, jeder Gegenstand, jede Pflanze, Geld, jede Möglichkeit, jeder Wunsch, aber vor allem jeder Gedanke und jedes Gefühl. Je nachdem, wie wir denken und uns fühlen, ziehen wir Fülle oder Mangel in unser Leben. Deshalb waren die vorherigen Kapitel so wichtig: Mit tief eingespeicherten negativen Glaubenssätzen über uns selbst, andere und die Welt ziehen wir unbewusst immer mehr dieser Negativität in unser Leben. All das – also alles Negative – schwingt tief.

- Wenn du ständig an den Job denkst, den du nicht magst, ziehst du immer mehr Gründe und Situationen in dein Leben, um ihn noch mehr zu hassen.
- Wenn du ständig unzufrieden mit deinem Aussehen bist und dich schrecklich in deinem Körper fühlst, wirst du immer mehr Gründe anziehen, um dich noch schlechter zu finden.
- Wenn du ständig neidisch auf andere bist und anderen keinen Erfolg gönnst, ziehst du immer mehr Umstände in dein Leben, selbst nicht erfolgreich zu werden.
- Wenn du ständig daran denkst, zu wenig Geld für alles zu haben, geizig bist und nicht dankbar für das, was du hast, ziehst du

> immer mehr Rechnungen, Schulden und vor allem viel weniger Geld in dein Leben. Auch Geld ist nur Energie. Eventuell glaubst du mir das nicht, es lohnt sich umso mehr, es einfach auszuprobieren.

Vor allem das mit dem Geld ist so eine Sache: Es gab immer mal wieder Situationen, an denen ich Zweifel, Angst und Mangelgedanken hatte, weil viele, auch unerwartete Rechnungen in meinen Postfächern landeten. Nicht jede konnten wir sofort begleichen. Seitdem ich bewusst vom Gesetz der Anziehung weiß, ging ich auch dieses Thema an. Wie ich auch dir seit Beginn dieses Buches mitgebe, war es nötig, meine blockierenden Gedanken und Glaubenssätze diesbezüglich loszuwerden. Einige davon waren: „Menschen mit viel Geld sind schlecht", „Man muss immer hart arbeiten für sein Geld, sonst ist man nichts wert", „Nur nicht auffallen, besser man gehört zu allen anderen dazu" (zu denen, die ständig über die eigenen Finanzen schimpfen).

Von da an gab es nie mehr Probleme damit. Wenn mal eine höhere Rechnung eintrudelt, bezahle ich sie und bin von Herzen dankbar, sie bezahlen zu können. Ich habe keinerlei Mangelgedanken mehr, sodass wir uns seit vielen Jahren immer alles leisten können, was wir möchten, und noch mehr. Wir spenden auch sehr oft und helfen anderen Menschen. Das Großartige: So ziehen wir noch mehr Geld in unser Leben, weil wir aus absoluter Dankbarkeit und mit dem Gefühl von Fülle handeln. Das kann jeder und jede von uns, egal wie es finanziell gerade aussieht. Wie gesagt, es kommt immer nur darauf an, wo unsere Energie, unser Fokus in den verschiedenen Bereichen hinfließt. Glaubst du nicht? Probiere es!

Mir wurde mit zwölf Jahren ständig vermittelt, dass ich zu dick sei und nicht schön genug. Dieser Glaubenssatz hat sich so stark in mir eingebrannt, dass ich immer mehr Menschen, Situationen und Umstände in mein Leben zog, bis sich dieser Glaubenssatz tatsächlich manifestiert hat und ich übergewichtig wurde. Nachdem ich meine gute Motivation gefunden hatte, um etwas zu verändern, änderte ich mein Denken und somit meine Realität komplett. Nur dadurch war es mir möglich, meinen Körper zu verändern.

Das ist auch einer der Gründe, warum viele Menschen ihre Ernährung umstellen, Sport machen und trotzdem nicht abnehmen. Sie haben ihre richtige Motivation noch nicht gefunden, vor allem aber nicht den tief sitzenden, oft unbewussten Glaubenssatz, der sie blockiert, ihr Ziel zu erreichen. Im Herzen handeln und denken sie nämlich noch oft so, als wären sie zu dick.

Wenn wir dauernd das Gegenteil von dem denken, was wir erreichen wollen, ändern wir auf Dauer nichts.

Sogar, wenn ich es trotzdem geschafft hätte, durch diese vorherigen Diäten abzunehmen, oder durch andere Mittel, z. B. operativ, mein Aussehen verändert hätte, hätte mir das Universum immer wieder genau das, was ich im Herzen eigentlich war und ausstrahlte, gesendet. Ich hätte früher oder später wieder zugenommen oder mich trotz schlanker Figur durch äußere Umstände hässlich gefühlt. Moment ... erinnerst du dich? Genau so war es bei mir auch. Ein Beispiel wie wir unser Leben durch das eigene Denken und Fühlen selbst kreieren.

Ein weiterer Glaubenssatz, den ich, seitdem ich denken kann, eingetrichtert bekommen habe, war: „Silvi mag einfach nichts, sie ist beim Essen so wahnsinnig wählerisch." Täglich, jahrzehntelang bekam ich genau das zu hören. Die ständigen Beschwerden bei mir selbst oder anderen Menschen haben sich so tief in mir eingebrannt, dass ich gar nichts anderes tun konnte, als so zu bleiben. Immer, wenn mir mal was Neues angeboten wurde, erinnerte ich mich daran, wie alle von mir behaupteten, ich sei heikel und würde nie was Neues probieren. Also lebte ich genau danach. Es wurde zu meiner Identität, zu meiner Realität und schließlich zu meiner Persönlichkeit.

Erst als ich meine gute Motivation (unser erstes Kind) gefunden hatte, um etwas an meiner Ernährung zu ändern, legte ich diesen

Glaubenssatz ab und wurde vor allem Gemüse gegenüber viel offener. Heute liebe ich fast jede Gemüsesorte und was aus mir geworden ist, hast du vielleicht mitverfolgt oder mitbekommen. Ich bin Bestsellerautorin dreier Kochbücher für gesunde Wohlfühlernährung. Eine eindeutige Steigerung, würde ich mal behaupten.

Du kannst hier auch wieder sehr gut erkennen, wie wichtig es ist, wie wir mit unseren Kindern reden und was wir zu ihnen sagen. Wenn sie ständig hören oder vermittelt bekommen, wie heikel, nervig, dumm, frech, laut, unkonzentriert, peinlich, schlimm oder komisch sie sind, dann ist das der Weg, um sie dahin gehend zu formen. Vergessen wir nicht, vor allem uns Eltern, Erziehungsberechtigten, Lehr- oder anderen Autoritätspersonen glauben die Kinder aufs Wort. Wir können mit den richtigen Worten und Glaubenssätzen, die wir an sie weitergeben, so viel Glück in ihr Leben bringen. Durch uns können sie so viel höher schwingen, also glücklicher und zufriedener sein. Oder das Gegenteil.

Wir können ganz einfach erkennen, wie hoch oder tief wir im Moment schwingen und was wir infolgedessen in unser Leben ziehen.

Du weißt jetzt: Du ziehst das an, was du aussendest. Also, wie fühlst du dich gerade? Was ziehst du gerade an? Fühlst du dich unglücklich, pleite, wütend, nicht gut genug, gestresst, unwohl, zu dick, überfordert ... dann ziehst du immer mehr Momente, Menschen und Situationen in dein Leben, die dich diese Gefühle wieder und wieder fühlen lassen.

Fühlst du dich glücklich, zufrieden, leicht, dankbar, erfüllt, erfolgreich, geliebt ... dann gratuliere ich dir von Herzen. Du ziehst so nämlich noch mehr in dein Leben, das dich diese Gefühle weiterhin spüren lässt.

Wie du das am einfachsten kontrollierst? Mit einer Fühlpause: Schließe im Laufe des Tages immer wieder für einen Moment deine Augen und spüre in dich hinein, wie du dich gerade fühlst. Wenn du dich gut fühlst, glücklich bist, dich freust, Dankbarkeit oder Liebe spürst, schwingst du hoch. Wenn du neidisch, traurig oder wütend bist, Konkurrenzgedanken hast, dich nicht gut oder unwohl fühlst, dann schwingst du niedrig. Du wirkst im Universum wie ein Magnet. Du ziehst also wie beschrieben an, was du aussendest, je nachdem wie hoch du schwingst.

Wenn du schöne Dinge, gute Menschen oder positive Umstände in dein Leben ziehen willst, solltest du dich gut fühlen, so oft du kannst. Diese schwingen nämlich auf der Frequenz unserer guten Gefühle, weil wir sie mit was Positivem in Verbindung bringen. Das bedeutet nicht, dass du nie wieder schlechte Tage haben darfst und mit Zwang glücklich sein musst. Du darfst weiterhin mal traurig, wütend oder verärgert sein. Wichtig ist, deine Gefühle unbedingt auszuleben, um dich dann später wieder an das Schöne im Leben zu erinnern. An das, wofür du von Herzen dankbar bist.

Also bin ich selbst schuld an meinem schlechten Leben?

Ich weiß nicht, in welcher Situation du gerade bist, aber es gibt sehr viele Menschen, die in armen oder allgemein schwierigen Verhältnissen aufgewachsen sind. Sehr viele hatten bereits keinen aus menschlicher Sicht „guten" Start in dieses Leben durch schwierige Eltern, sehr schlimme Gewaltsituationen, Krieg, Lieblosigkeit, Armut oder das Land, in dem sie aufgewachsen sind.

Hier kommt der springende Punkt, denn immer, wenn ich sage, wir ziehen das an, was wir aussenden, vergessen viele, dass wir in erster Linie geistige Wesen, Seelen sind. Wir kommen auf diese Welt und leben oft schon unser x-tes Leben hier. Wir bringen bereits Erinnerungen, Erfahrungen, Glaubenssätze und Verhaltensmuster aus anderen Leben mit, in denen wir als Seele bereits gesteckt haben. Daher hört man auch immer mal wieder von Menschen, die sich an frühere Leben erinnern, die bestimmte Orte kennen, obwohl sie als dieser Mensch noch nie dort waren.

Genauso bringen wir auch unseren Seelenplan mit, unsere Mission, wenn du so willst. Auf menschlicher Ebene würden wir uns niemals einen gewalttätigen Vater aussuchen, eine Mutter, die uns verlässt, eine Heimat, in der hohe Armut herrscht, oder man aufgrund des Geschlechts respektlos behandelt wird. Ein Leben, in dem einer oder einem Schreckliches angetan wird oder geliebte Menschen viel zu früh gehen müssen und ein unerträgliches Loch hinterlassen, würde kein Mensch freiwillig wählen. Als Seelen hinterlassen uns diese Situationen und traurigen Momente allerdings ein sehr wertvolles Geschenk: die Erfahrung. Im besten Fall außerdem die Möglichkeit, trotzdem ein wundervolles, erfülltes Leben zu führen.

Wir nehmen nicht Einfluss auf den Tod eines Menschen/einer Seele, wir ziehen so eine Situation nicht an, weil wir sie verdient haben. Wir machen diese schmerzvolle Gefühlserfahrung auf der Erde, weil wir sie auf seelischer Ebene gewählt haben, um daran zu wachsen. Dieser Mensch, der ging, hat uns das ermöglicht. Den Zeitpunkt des Abschiedes hat allein er unbewusst gewählt.

Eine solche schmerzhafte Situation darf ihre Zeit brauchen, sie kann für uns lange Zeit unverständlich, unfair und qualvoll sein. Solltest du in so einem Zustand stecken, willst du sicher nicht solche Zeilen lesen, wie ich sie hier gerade geschrieben habe, vielleicht machen sie dich auch einfach nur wütend. Nimm dir deine Zeit, jeder Mensch auf dieser Welt trauert früher oder später um jemanden und auch um uns wird getrauert werden. Die Art, wie ich das Leben zu verstehen glaube, wie es sich für mich richtig anfühlt, hilft mir sehr, mit alledem umzugehen. Genau das wünsche ich mir auch für dich, vor allem an Tagen, an denen es dir wirklich nicht gut geht.

Bevor wir auf die Welt kommen, wählen wir unsere Umstände, den Ort, die Familie und unser Umfeld, die die besten Voraussetzungen haben, um unsere gewählten Gefühlserfahrungen zu machen. Gleichzeitig erfüllen wir auch im Leben anderer genau diesen Zweck.

Wir sind hier, um Erfahrungen zu machen, um daran seelisch zu wachsen, daraus zu lernen und diese (vielleicht auch karmischen oder übernommenen) Themen eventuell aufzulösen. Das soll keine Entschuldigung dafür sein, schlechte Dinge zu tun und andere zu verletzen, im Gegenteil. Niemand ist schuld daran, dass ihm oder ihr Schlimmes angetan wird oder das eigene Leben schwierig ist, kein Kind und kein erwachsener Mensch.

Es geht darum, daran zu wachsen und – oft erst viel später – vielleicht sogar etwas „Gutes" daraus zu ziehen. Du wärst niemals der Mensch, der du heute bist, ohne gewisse Menschen, Situationen oder Lebensumstände, so schlimm sie auch erscheinen und so sehr sie auch schmerzen!

Das Leben passiert, wie es passieren soll. Auf manche Dinge haben wir als Menschen keinen Einfluss, auch wenn wir es uns noch so sehr wünschen. Wenn es nicht so „geplant" oder vorhergesehen ist für uns – vom Universum oder wem auch immer –, dann passiert es auch nicht. Und das ist gut so.

Diese teilweise Unkontrollierbarkeit ist genau das, was uns am Loslassen hilft, vor allem aber hilft es uns, viel mehr Leichtigkeit in unserem Leben einzubauen. Leichtigkeit, die so vielen von uns so guttun würde.

Sobald du das Geschriebene hier verinnerlichst und beginnst anzuwenden oder dir einfach für den Anfang bewusst machst, dass es wirklich so sein könnte, drehst du deinen Schlüssel um!

Der letzte Blick zurück: die Menschen und du

Du hast bis hierhin gelesen und verbindest dich somit immer wieder mit deiner Vergangenheit, vor allem mit deinem inneren Kind. Vielleicht erinnerst du dich an bestimmte Situationen, in die du dich besonders hineinfühlst. Es kommen Erinnerungen hoch, die schmerzhaft sein können.

Das ist aber umso wertvoller für dich, einige dieser Situationen haben sich in dir vielleicht bis heute in Form von inneren Blockaden verhangen und dich daran gehindert, Frieden zu schließen und der Mensch zu werden, der du eigentlich sein möchtest. Lass alles hochkommen, nach und nach, und sei dir bewusst, dass nichts im Leben gegen dich ist. Alles passiert für dich, so schlimm die Situation auch scheinen mag. Aus jedem noch so negativen, traurigen oder schlimmen Moment deines Lebens kannst du wachsen und deine Lehren ziehen. Ja, vor allem das kann dich jetzt vielleicht wütend stimmen oder schmerzen: zu lesen, dass ein vielleicht sehr traumatisches Erlebnis oder Menschen, die dir weh getan haben, für dich da waren. Wir müssen nicht alles verstehen, wir können auch einfach versuchen, diese Theorie in Betracht zu ziehen. Es fühlt sich heilsam an, auch wenn du das zu diesem Zeitpunkt deines Lebens eventuell noch nicht glauben kannst.

Zeit heilt alle Wunden, sagt man. Das ist so, weil wir immer weniger Fokus darauf lenken. Weil diese Wunden oder der Schmerz mit der Zeit immer weniger als Mittelpunkt unseres Lebens fungieren. Die Energie folgt immer unserem Fokus. Wir ziehen auch hier das an, was wir aussenden. Sobald wir aus dem Opferdenken kommen, öffnet sich uns eine **wunder**bare Welt, das bedarf allerdings Mutes! Des Mutes, den jeder und jede in uns hat.

Diese Erkenntnis hat mich besonders mit einer traumatischen Erfahrung meiner Kindheit Frieden schließen lassen. Es ging um mein Thema „körperliche Grenzen". Der Glaubenssatz „Am besten, man lässt alles über sich ergehen, Hauptsache keinen Konflikt", den ich von klein auf beigebracht bekommen habe und auch mein gesamtes Umfeld widerspiegelte, hat auch damals gewirkt, als ich etwa acht Jahre alt war. Ich gehe nicht näher ins Detail, ich fühlte mich in dieser einen Situation aber klein, gelähmt, zerbrechlich, voller Scham und schockiert. Tatsächlich habe ich nie mit jemandem darüber gesprochen, ich wusste, es würde nur runtergespielt und absolut nicht ernst genommen werden.

Heute bin ich an einem Punkt, an dem ich der Person, die damals beteiligt war, verziehen habe – was in keiner Weise einfach war. Doch nun bin ich umso stärker und in der Lage, meinen Kindern von Anfang an ihre geistigen und körperlichen Grenzen beizubringen. Eine schlimme, traumatische Situation, durch die ich jetzt anderen Menschen helfen kann und genau weiß und kommunizieren kann, wo meine Grenzen liegen.

Dieses Erlebnis half auch ein paar Jahre später sehr. Ich war an einer Schule, an der ein Lehrer in seinem Unterricht immer mal wieder Mädchen aus meiner Klasse an den Po oder die Brüste fasste. So „unbemerkt", dass es nur sie mitbekamen. Eine erzählte mir davon und ich beobachtete es an einer anderen Schülerin auch. Ich ging sofort mit ihnen zum Direktor, um diese Vorfälle zu melden. Natürlich glaubte uns da keiner, wir machten aber immer wieder Druck, sodass der Lehrer von der Schule ging und sich meines Wissens auch eine Auszeit von diesem Beruf nahm. Ich war zu einer Person geworden, die für andere einsteht, besonders in solchen Situationen. Dank meiner eigenen Erfahrung.

Auch bin ich dadurch zu einer Frau geworden, die sofort stehen bleibt, wenn irgendwo Konflikt mit oder ohne Gewalt herrscht, und hilft. Schon öfter kam ich in Situationen, in denen Männer tatsächlich auf offener Straße auf ihre Frauen losgingen, sie lauthals beleidigten, anschrien oder sogar körperlich angingen. Wie viele Menschen einfach vorbeigehen, wie viele der Situation entwischen wollen. Ganz nach meinem gelernten Glaubenssatz „Nur keinen Konflikt, am besten einfach nicht auffallen".

Ich verstehe es zu gut, aber es ist einfach scheiße, in diesem Muster zu stecken. Vor allem: Niemand von uns weiß, in welche Situationen wir selbst noch gelangen. Was würden wir uns dann wünschen? Ich denke, Hilfe!

So wie ich es wahrnehme und bereits beschrieben habe, sind die allermeisten Begegnungen in unserem Leben bereits vorbestimmt. Wir überlegen uns also, wer wir in diesem Leben sein möchten, wo wir leben, wie wir aussehen und wie wir sein wollen, welche Seelen unsere Eltern, Geschwister, Verwandten, Freunde sind und wem wir auf der Erde begegnen möchten. Sie wählen wir je nachdem, was wir lernen möchten in diesem Leben. Diese Menschen zeigen uns besonders oft unsere Themen und Blockaden auf, an denen wir wachsen dürfen, wo wir noch hinsehen und was wir im besten Fall auflösen dürfen. Wie gesagt, sind das besonders oft die Menschen, die uns negativ triggern, also starke, negative Gefühle in uns auslösen, welche uns für längere Zeit beschäftigen. Durch sie haben wir die einzigartige Möglichkeit, schneller zu lernen und weiterzukommen.

Wir lernen durch sie besonders oft, negative Verhaltensweisen in uns selbst anzusehen und zu vergeben. Uns und ihnen. Das ist einer der schönsten, aber gleichzeitig anspruchsvollsten Heilungsprozesse. Denn wie du dir vorstellen kannst, ist es nicht einfach, Fehler an sich zu suchen, die man bisher immer in anderen gesehen hat, und es ist noch schwieriger, Menschen zu vergeben, die wir vielleicht schon viele Jahre lang aus tiefstem Herzen hassen, weil sie uns auf irgendeine Weise verletzt haben.

Auch wenn du das hier nicht lesen willst, kannst du es dir jetzt denken: Genau diese Menschen sind die wertvollsten in unserem Leben. Jeder Mensch, egal wie kurz oder lang er in unserem Leben ist, hat ein Geschenk für uns. Wir müssen es nur erkennen.

Das Spiegelbildprinzip

Das hier wäre sicher eine gute Stelle, um das Buch zuzuklappen und wegzuwerfen. Ich kenne den Schmerz zu gut, wenn man beginnt, sich selbst und das eigene Leben zu reflektieren. Oft müssen wir uns eingestehen, selbst die Fehler zu haben, die wir bis jetzt immer anderen Menschen zugeschoben haben. Sie sind durch die eingebrannten negativen Glaubenssätze und Verhaltensmuster entstanden und zu unserer Identität geworden, oder wir haben uns gewisse Mitmenschen bewusst im Vorfeld ausgesucht, um aus Konfliktsituationen mit ihnen zu lernen.

Künftig in negativen Situationen in dich zu gehen, innezuhalten und zu reflektieren, woher die negativen Gefühle wirklich kommen, ist kein einfacher Weg. Aber er lohnt sich: Du lebst dein Leben plötzlich mit einem völlig neuen Bewusstsein und gehst automatisch offener, verständlicher und glücklicher durchs Leben – das kann ich dir versprechen!

Nicht hinzusehen, hat ohnehin nicht viel Sinn, das Universum sendet uns so lange immer wieder dieselben oder ähnliche Menschen und Umstände in unser Leben, bis wir unser Denken ändern und unsere

Lehre daraus ziehen. So lösen sich nach und nach tief verankerte Blockaden und unser Lebensfeuer hat endlich wieder mehr Platz zu fließen.

Wir können uns kurzzeitig eine Pause von ihnen nehmen, aus dem Weg gehen, Arbeitsstelle wechseln oder sogar verreisen, wenn uns negative Situationen stark fordern. Dennoch hat das auf Dauer absolut keinen Sinn, wenn wir die Zeit nicht nutzen, um zu erkennen, was das eigene Thema dabei ist, das bereinigt oder gelöst werden darf. Nicht immer ist das auf den ersten Blick ersichtlich, oft müssen wir dabei sogar sehr um die Ecke denken, um den Sinn, den Lernprozess für uns dahinter zu erkennen.

Das Spiegelbildprinzip besagt: „Dich stört an anderen Menschen/im Außen immer nur das, was dich eigentlich an dir selbst stört."

Andere Menschen oder Situationen halten dir also permanent einen Spiegel vor, vor allem wenn dich etwas negativ stimmt. Sich einzugestehen, Fehler zu haben und diese nicht länger im Außen zu suchen, endlich damit aufzuhören, andere Menschen für unser Unglück verantwortlich zu machen – das heilt uns innerlich.

Denn der andere Mensch hat nichts davon,
wenn du ihm die Schuld zuschiebst oder heimlich hasst.
Du allein leidest darunter und blockierst dich so,
dein Lebensfeuer vollkommen zu entfachen.

Entweder zeigen dir diese Menschen dein eigenes negatives Verhalten, deine eigenen blockierenden Gedanken oder sie zeigen dir genau auf, was du dir selbst wünschst. Du spürst Konkurrenzgedanken, Hass, Trauer, Wut oder Neid.

Ich habe mich damals so unwohl in meinem Körper gefühlt und so immer mehr Menschen in mein Leben gezogen, die mir bestätigten, dass mein Körper nicht schön genug ist, bis ich vor allem an meiner Einstellung, meinem Denken und meinen Glaubenssätzen gearbeitet habe. Das passierte erst nach meiner körperlichen Veränderung, als ich begann, mich mit Selbstreflexion und meiner eigenen Spiritualität zu beschäftigen. Sehr vieles davon gebe ich dir hier Satz für Satz weiter.

Von da an habe ich auch nie wieder Menschen in meinem Umfeld gesehen, auf die ich neidisch war oder die ich nicht schön fand. Ich hatte es nicht mehr nötig, meine eigenen Fehler im Außen zu suchen, um mich kurzzeitig besser zu fühlen. Es kann temporär dennoch passieren, dass wir für einen Moment solche negativen Gefühle anderen gegenüber verspüren. Wir sind nicht perfekt und werden es unser Leben lang nie sein. Der Mensch mit seinen negativen Glaubenssätzen und Verhaltensmustern in uns kommt vielleicht immer wieder mal zum Vorschein. Manchmal werden wir wieder an alte Themen erinnert, um sie nochmal ein Stückchen mehr loslassen zu können. Denn das passiert nicht von einem Tag auf den anderen.

Auch heute noch bin ich nach kurzen Down-Phasen immer wieder überrascht, mit welchen altbekannten Themen mich das Universum konfrontiert. Phasenweise erlebe ich dadurch meine persönlichen Aha-Momente und bin oft überrascht, weil ich dachte, ein bestimmtes Thema bereits losgelassen zu haben. Wie bereits am Anfang des Buches beschrieben, bin ich gleichzeitig der Meinung, dass wir nie ganz ausgelernt haben. Dieser Lernprozess bedeutet für mich einfach Leben. Mit jeder Konfrontation, mit jeder Selbstreflexion können wir einen kleinen oder größeren Teil betrachten und vielleicht sogar loslassen, die Blockade auflösen und wieder mehr in den Lebensfluss gelangen.

Hilfe von außen erhalten

Auch gibt es immer mehr großartige Seelen auf der Erde, die sich genau das als Mission oder Lebensziel gesetzt haben: Sie sind dafür zuständig, andere Seelen weiterzubringen, ihnen dabei zu helfen. Ich selbst kenne mittlerweile sehr viele davon und bin mit einigen auch eng befreundet. Als ich begann, mich mit meiner eigenen Spiritualität näher zu beschäftigen, war ich sehr intensiv mit ihnen in Kontakt. Sie halfen mir durch sogenannte Channelings, Rückführungen oder besondere Rituale, gewisse Bereiche besser zu verstehen. Mit der Zeit baute ich meine eigenen Hellsinne auch immer mehr aus, aber war umso dankbarer, bereits erfahrenere Seelen um mich zu haben, die mich in meinen Lebensthemen unterstützten.

Außerdem war es bei mir oft so, dass ich bei eigenen oder familiären Themen wie blockiert war. Die Themen gingen mir so nahe, dass ich als Seele zu viel Mensch war, um daran zu arbeiten. Auch heute noch, obwohl ich selbst anderen bei genau solchen Themen helfe, bin ich immer mal wieder dankbar für Inputs von anderen Menschen, die medial arbeiten.

Wir sind nicht da, um zu konkurrieren,
keiner ist besser oder schlechter, wir sind immer nur da,
um uns zu (unter-)stützen.

Eines der wichtigsten Dinge bei medialer Arbeit ist allerdings, sich nie von solchen Seelen mit ausgebauten Fähigkeiten in diesem Bereich abhängig zu machen. Wir sollten nicht immer und jederzeit ihre Meinung und Hilfe benötigen. Sie sind da, um Inputs zu geben und Anleitungen, selbst in sich zu schauen.

Es liegt in unserer Natur, spirituell zu sein, wir alle sind spirituelle Wesen mit Hellsinnen. Je nachdem, wie bewusst oder unbewusst wir unser Leben leben, spüren, sehen und fühlen wir vieles um uns herum: die Wesen in unserer Umgebung, den Kontakt zum Universum, die Energie der Menschen; wir empfangen wichtige Botschaften und Informationen. Es ist eine wunderschöne Welt, in der wir alle zu Hause sind und in der wir wieder leben, wenn wir uns daran erinnern.

Neben meinem persönlichen Beispiel, wie ich in diesem Leben gelernt habe, meine Grenzen zu nennen und mich zu wehren, gibt es verschiedene Tatsachen, die dich an anderen stören könnten, und es kann unterschiedliche Gründe geben, warum dich andere stören. Es ist absolut normal und in Ordnung, jemanden nicht zu mögen, nicht alle sind uns sympathisch und die Chemie stimmt manchmal einfach nicht. Es ist wichtig, nicht von nun an verkniffen nach dem Warum und Wieso zu suchen und über alles zu reflektieren. Manche Menschen mögen wir einfach nicht und das ist okay, solange sie uns nicht zu sehr belasten oder negativ triggern.

Wenn dich ein Mensch allerdings stark triggert und das womöglich immer und immer wieder, dann dürfen wir gerne näher hinsehen, hier herrscht großes Wachstumspotenzial. Jetzt kommt eine etwas herausfordernde Übung für dich. Ich möchte, dass du dir eine Person überlegst, die dich wirklich stark negativ triggert. Die vielleicht, frech, gemein, gewaltvoll oder sonst negativ zu dir ist oder war.

Was hast du dieser Person zu verdanken?

Diese Frage kann sehr schmerzen oder dich wütend machen, besonders wenn du traumatische Erfahrungen durch einen Menschen machen musstest. Ich möchte dir aber sagen, du bist bis zum Schluss immer noch der einzige Mensch, der immer und immer wieder Schaden von deinen negativen Gefühlen nimmt. Vielleicht weiß der andere Mensch gar nichts davon und macht sich absolut nichts daraus.

Nur du leidest darunter und ziehst so immer mehr Situationen an, um nochmal dasselbe fühlen zu müssen. Du ziehst das an, was du aussendest; du denkst ständig an diese negative Situation oder die negativen Menschen und hast starke intensive Gefühle dabei.

Du erlebst deine Vergangenheit, deine vielleicht sogar traumatische Erfahrung immer und immer wieder in Gedanken, du sendest ständig diese niedere Frequenz aus und ziehst somit immer mehr in dein

Leben, das in dir weiterhin diese Gefühle hochkommen lässt. Das dich unglücklich, wütend, traurig oder hilflos fühlen lässt.

> Du entwickelst immer mehr innere Blockaden, die dich am Glücklichsein hindern.

Löse es auf und traue dich, ein Stück inneren Frieden zu schließen. Es geht nicht darum, triggernden Personen gleich zu vergeben, sondern zu erkennen, dass du heute vielleicht niemals dieser starke Mensch wärst ohne sie; dass du Eigenschaften und Fähigkeiten durch eure menschliche Verbindung entwickelt hast, die sonst nie entstanden wären.

Vielleicht handelt es sich bei der Person um deine Expartnerin, deinen Expartner, durch die/den du ein wundervolles Kind bekommen durftest, das du über alles liebst. Vielleicht handelt es sich um deinen Vater, der dir niemals Liebe gegeben hat und dich schlecht behandelt hat. Dadurch bist du heute aber umso liebevoller und offener zu deinen eigenen Kindern, weil du genau weißt, was dir damals gefehlt hat.

Vielleicht handelt es sich um deinen Bruder, der sein eigenes Leben irgendwo anders begonnen hat, und du allein dadurch lernen konntest, dich nicht von anderen Menschen, die du liebst, abhängig zu machen.

Vielleicht handelt es sich um deine Schwiegermutter, die dich klein macht und dir das Gefühl gibt, nicht gut genug für ihr Kind zu sein. Dadurch konntest du lernen, dass es nicht wahr ist, was andere über dich denken und sagen. Du bist durch diese Person noch offener geworden und hast gelernt, deine Meinung zu sagen.

Vielleicht handelt es sich um deinen Chef, der dich gemobbt und erniedrigt hat, und du nur durch diese schmerzhafte Situation lernen konntest, zu deinen Grenzen zu stehen, Nein zu sagen und für dich einzustehen. Zu deinem persönlichen Wohl zu handeln.

Genauso spielen auch wir eine wichtige Rolle im Leben aller Menschen in unserem Umfeld. Mit unserem Handeln haben wir Einfluss auf alles, auch wenn wir uns auf dieser großen Welt manchmal noch so klein und unbedeutend fühlen.

Wir entscheiden in einer negativen Situation immer nur eines, meistens unbewusst: Bin ich Opfer oder will ich weiterkommen?!

Du kannst jetzt trotzig werden, den Schmerz dich übermannen lassen und auf stur schalten. Oder du kannst hier weitermachen und innere Heilung erleben. Immer mehr und mehr. Ich weiß, wie schwer das sein kann, aber in Gedanken bin ich bei dir und wir sind absolut verbunden.

Mache diese Übung in Zukunft beliebig oft, mit allen Personen, die dich negativ triggern. Das war die letzte Aufgabe in diesem Buch, die deine Vergangenheit betrifft – der letzte Blick zurück. Jetzt bist du bereit: Du kreierst dein neues Ich und kannst über die neue Türschwelle schreiten.

❞ Überlege dir diesen einen Menschen, mit dem du nicht klarkommst, der dich verletzt hat oder der einfach starke, negative Gefühle in dir auslöst. Schreibe seinen Namen auf und überlege dir alles Positive, dass du durch ihn im Leben erfahren durftest.
„Ich danke .... dafür, dass ..." ❝

Die Tür öffnen: dein neues Ich mit neuen Möglichkeiten

Wie du mit deinen Mitmenschen umgehst, welches Verhältnis du zu ihnen hast, welche positiven oder negativen Erfahrungen ... all das beeinflusst dein gesamtes Leben. Bleibst du in der Vergangenheit stecken oder wagst du es weiterzukommen im Leben? Bleibst du das Opfer deines Lebens, das du, wie du jetzt weißt, selbst in der Hand hast? Oder wagst du einen ersten Blick in deine neue, potenzielle Zukunft? Öffnest du die Tür zu deinem neu gewählten Lebensweg? Der, der dein Leben von nun an lebenswerter machen wird.

Wer wärst du, wenn keiner hinsehen würde? Wenn niemand über dich lästern oder dich verurteilen würde? Du hast dir dein nächstes, großes Ziel am Anfang der Lektüre bereits notiert, aber was jetzt?

Durch die große Selbstreflexion bis hierhin durftest du vielleicht schon das ein oder andere über dich aufdecken und dich besser kennenlernen. Du stehst bereits an der Türschwelle zu deinem neuen Lebensweg, sie ist offen und du darfst nur noch eines tun: Den ersten Schritt gehen!

**Es gibt eine Sache bei Veränderungen,
die uns oft mehr blockiert als unsere Vergangenheit,
nämlich unsere Gedanken an die Zukunft!**

Wie oft im Leben hast du bisher etwas nicht gemacht, weil du Angst hattest, dass andere es nicht gut finden würden? Dass andere Menschen schlecht über dich denken, dich auslachen könnten oder dich für absolut lächerlich halten?

Eine unserer größten Blockaden ist immer unser Umfeld bzw. eher unser Denken an unser Umfeld. Wir sind soziale Wesen, wir wollen irgendwo dazugehören, Zeit mit anderen verbringen und gesellschaftlich anerkannt sein. Wir wollen zu den meisten Zeiten unseres Lebens gut genug sein und in der Menge nicht auffallen. Diese Tatsache hindert die meisten Menschen daran, aus sich herauszugehen und das zu machen, was ihr Herz ihnen sagt.

Dass uns unser Herz oder unser Bauchgefühl etwas sagt, also unsere Intuition, ist ein ganz normaler Vorgang, der in uns allen vor sich geht. Durch unsere Intuition fühlen wir, was wir als wahr oder falsch bezeichnen.

Dadurch, dass wir aber alle individuelle Wesen sind und jeder etwas anderes braucht für seine Gefühlserfahrungen und sein seelisches Wachstum auf der Erde, gibt es kein Richtig oder Falsch.

Wahrheit und Zeit sind Illusionen, an denen wir Menschen uns mit aller Kraft festhalten wollen.

Wir Menschen stehen total darauf, uns an anderen Menschen zu orientieren. An jenen, die hohe Abschlüsse gemacht haben, die von angesehenen Personen gelernt haben, die den Eindruck machen, wirklich Ahnung von einem Thema zu haben oder die wir einfach mögen und mit denen wir uns in den meisten Lebensbereichen identifizieren können.

Warum wir das machen? Es ist einfacher, als in sich hineinzufühlen und zu spüren, was wir selbst über bestimmte Dinge denken. Wir sind bereits so weit, dass wir teilweise keine Ahnung mehr haben, was wir eigentlich denken oder wollen, wir glauben alles, was uns gesagt wird von diesen Personen, zu denen wir hochsehen.

Ich glaube, das ist eine dieser Sachen, die uns wirklich am Wachsen und Aufblühen hindert. Wir sind teilweise wie besessen oder ferngesteuert vom Tun und Denken anderer und sperren unsere Möglichkeiten, das Leben richtig auszukosten, in eine dunkle, kleine Gefängnisecke, die wir uns selbst aufgebaut haben und von innen immer mehr und mehr zumauern – mit jedem Mal, in dem wir unsere Intuition, unser Herz ignorieren.

Wir versuchen durch das Nachahmen anderer Menschen aber auch, diese Welt und dieses Leben besser zu verstehen und einzuordnen. Durch all die Wahrheiten, die überall kursieren, verlieren wir sehr schnell den Überblick – in absolut jedem Lebensbereich!

Es gibt dann noch die andere Seite: Wenn wir selbst Menschen sind, die glauben, von etwas Ahnung zu haben, fühlen wir uns großartig dabei. Unser Ego liebt das in gewisser Weise, vielleicht auch weil wir uns wichtiger als andere dabei fühlen – über ihnen.

Ich nehme mich da und an keiner anderen Stelle dieses Buches raus, auch ich liebe es, anderen Menschen mein Wissen und meine Erfahrungen weiterzugeben. Auch mein Ego wird dabei absolut genährt, genauso wie von Komplimenten, netten Worten und schönem Feedback zu meiner Arbeit. Das finde ich absolut menschlich und nicht schlimm, denn wir alle besitzen ein Ego. Gleichzeitig bin ich der Meinung, dass dieses bei vielen Menschen schnell überhandnehmen kann. Wenn es nicht mehr darum geht, seinem Herzen zu folgen, aus der schönen Motivation heraus, Menschen mit dem eigenen Sein zu helfen und seine Arbeit absolut zu lieben, dann dürfen wir achtsam werden. Sind wir nur mehr damit beschäftigt, nach Menschen zu suchen, die eine potenzielle Konkurrenz für uns und unsere Berufung oder einen anderen Teil des Lebens sein könnten, dann ist die Intuition in den Hintergrund gerutscht und wir fühlen sie nicht mehr. Dabei ist genau sie es, die unser kostbarstes Navi, unseren wertvollsten Wegweiser im Leben darstellt.

Und was ist Wahrheit schon? Wir klammern uns an ihr fest, um vielleicht nicht in uns gehen zu müssen und nach unserem eigenen

Gedanken zu handeln. Wir glauben an die Wahrheit anderer, weil wir nicht die Kraft haben aufzustehen und unseren eigenen Weg zu gehen.

Wahrheit existiert nicht. Auch alles, was ich schreibe, kann unwahr sein. Es ist meine Wahrheit, die ich im Leben erfahren durfte. Du musst nicht alles glauben, was ich hier schreibe, denn vielleicht hält dich genau davon etwas ab, deinen Weg zu gehen.

Bleibe immer achtsam bei dem, was andere dir vermitteln, und höre auf dein Herz, auf dein Bauchgefühl, das dir in jeder Situation deines Lebens ein klares Ja oder Nein für dein Leben vermittelt.

Wenn du willst, findest du in absolut jedem Bereich des Lebens studierte Experten und Expertinnen, die absolut unterschiedliche Meinungen haben. Du findest überall mindestens zwei Seiten und zwei potenzielle Wahrheiten. Was wäre, wenn wir aufhören, uns zwanghaft für eine entscheiden zu wollen, und offen für alles bleiben? Offen bleiben für alle Möglichkeiten, die sein könnten, ohne verkniffen an einer davon festzuhalten. Auch das bringt inneren Frieden, auch das schafft Klarheit in unserem zukünftigen Leben.

Es geht dabei nicht darum, neutral zu bleiben, um gesellschaftstauglich zu sein und von so vielen wie möglich akzeptiert und gemocht zu werden oder Konflikten aus dem Weg zu gehen. Es geht darum, offen fürs Leben zu werden, plötzlich mehrere Perspektiven zu erkennen und so sehr viel mehr Gelassenheit und Ruhe in dein Inneres zu lassen. Denn ja, Wahrheit gibt es nicht. Egal wie viele Abschlüsse jemand hat und dich von einer Sache überzeugen kann, wir lernen alle nur von anderen Menschen, die vorher wiederum von anderen gelernt haben. Die „Gegenseite"? Sie macht genau dasselbe. Sei du einer dieser Menschen, der in der Mitte von „wahr" und „falsch" ist und beides akzeptieren kann.

Durch deine wieder spürbare Intuition kannst du dich für diesen Weg entscheiden, der am stimmigsten für dich ist. Du weißt plötzlich wieder, ohne länger darüber nachzudenken, was dein Richtig und dein Falsch ist und wonach du am ehesten handeln möchtest. Ja, auch welche Menschen du wirklich inspirierend findest, mit welchen du dich identifizieren kannst und von welchen du dir mehr „Wissen" aneignen möchtest.

Jetzt kommt die letzte Frage für dich, bevor es so richtig losgeht. Mit dieser letzten Frage und mit deinen persönlichen Antworten dazu machst du den ersten Schritt über deine neue Türschwelle. Du weißt bereits, wie dein Leben aussehen wird, du kennst deine richtige Motivation hinter deinen Zielen, du kennst deine Glaubenssätze und negativen Verhaltensmuster und bist dir bewusst, wie sie dich blockiert haben. Jetzt bleibt nur mehr eine Frage offen, bevor du deine neue Zeitlinie betrittst ...

❞ Welcher Mensch möchtest du sein? Wie bist du in der Zukunft, wie handelt dein glückliches, erfülltes Ich? Wie fällt es Entscheidungen? Wie wirkt es auf andere? Wie ist es im Umgang mit anderen Menschen? ... Wer bist du in der Zukunft? Schließe beim Überlegen gerne deine Augen und notiere die Antworten danach. Du kannst dir auch Menschen überlegen, die du magst, zu denen du aufblickst, und an die Eigenschaften denken, die du an ihnen liebst. Es geht dabei nicht darum, sie zu kopieren oder nachzuahmen, weil du keine eigene Meinung hast, es geht darum, ein Gespür dafür zu bekommen, was dir im Leben an Menschen gefällt und du an dir selbst noch nicht erkannt hast oder vermisst. Ist es die Art, mit anderen umzugehen? Die Art zu reden? Der strahlende Gesichtsausdruck? Die Art, schwierige Situationen zu bewältigen? Ist es Mut oder einfach Freundlichkeit? Oder die Art, das Leben zu genießen? Egal, was es ist, überlege dir Eigenschaften, die dein neues Ich hat. Mindestens zehn solltest du auflisten. “

Du weißt bereits von dem Gesetz der Anziehung. Dadurch kannst du nicht nur Dinge in dein Leben ziehen, die du dir wünschst oder nicht wünschst. Du kannst dieses Gesetz nutzen, indem du dich so oft wie möglich auf die Frequenz deines neuen Ichs bringst. Bereits am Anfang dieses Buches habe ich geschrieben, dass du dir schon vorstellen sollst, wie es wäre, dein Ziel schon erreicht zu haben – mit allen Einzelheiten.

Das gelingt, indem du dir mehrmals am Tag die Frage „Was würde mein Wunsch-Ich jetzt machen?" oder „Wie würde es jetzt handeln?" stellst. So verbindest du dich mit deinem Ich, das auf einer anderen Ebene bereits existiert.

Durch deine Gedanken an dieses Wunsch-Ich, detaillierte Vorstellungen und Bilder hast du es bereits erschaffen und ziehst es mit jedem weiteren immer mehr und mehr zu dir. Wie ein Magnet kommt es näher und darf endlich zu deiner Realität werden, ihr verschmelzt miteinander und plötzlich lebst du dein Traumleben. Ja, genau das wird passieren, sobald du dich vollkommen auf alles einlässt, was das Leben zu bieten hat. Das klingt vielleicht absolut schräg und unwirklich für dich, aber ich kann dir nur dringend raten, es einfach auszuprobieren. Voraussetzung ist, dass du wirklich daran glaubst.

Frage dich also immer wieder bei alltäglichen Dingen, wie dein neues Ich in diesem Zeitpunkt sein oder handeln würde, egal ob beim Essen, beim Duschen, beim Lesen, beim Kinderstreitschlichten, beim Autofahren. Wie wärst du, wenn alle deine Wünsche bereits in Erfüllung gegangen wären und du jetzt schon voller Leichtigkeit dein Leben erleben würdest?

Schreibe dir diese Frage auf einen Zettel, den du immer gut siehst, oder stelle sie als dein Handyhintergrund ein. Egal, was dir hilft, dich immer wieder an sie zu erinnern.

Wenn du dann für dich verstanden hast, wie dein Zukunfts-Ich wäre, **sei es**! Handle, sprich und denke bereits **jetzt** so! Bringe dich auf die Frequenz deines neuen, erfüllten Lebens und lass es so zu deiner Realität werden.

Du willst abnehmen? Dann erinnere dich beim Einkaufen daran, was dein Zukunfts-Ich kaufen würde, erinnere dich daran, was es essen würde, mit welcher Geschwindigkeit es essen würde, und handle danach.

Durch deine Selbstreflexion in den ersten Kapiteln hast du Blockaden lösen können, die dich bisher am Abnehmen gehindert haben. Du hast jetzt zusätzlich eine richtige Motivation hinter deinem Ziel, einen fitteren Körper zu haben. All das zusammen ist eine perfekte Kombination, um deine gewünschte Veränderung wirklich zu erreichen.

Oder willst du einen neuen Job? Einen echten Traumjob? Dann kleide und style dich so, als hättest du ihn bereits. Visualisiere ihn dir detailliert und handle im Alltag so, als wärst du schon fündig geworden. Wie wärst du, wenn du diesen einen Job bereits hättest?

Du willst einfach mehr Glück und Gelassenheit in deinem Leben? Fühle dich in diese Persönlichkeit hinein: Wie würde sie reagieren, reden und handeln? Wäre sie so zufrieden und glücklich, dass sie anderen oft Komplimente macht? Stelle dir vor allem aber auch die Frage: Was würde diese Person nicht mehr tun?

Du willst Menschen loslassen, die dir nicht guttun? Du willst mehr Zeit für dich im Alltag? Du wünschst dir Kinder oder eine Partnerin, einen Partner, du wünschst dir einen Garten …?

Was auch immer du dir wünschst, handle bereits jetzt so detailliert wie möglich danach. Beobachte deine (blockierenden) Gedanken, erkenne diese und lasse sie weiterziehen.

Wir können noch so viel reflektieren, noch so viel an unseren Blockaden und der Auflösung unserer Vergangenheit arbeiten, noch so viel wünschen und manifestieren ... Wenn wir nicht ins **Tun**, ins **Handeln** kommen, bleiben unsere Ziele nur lang ersehnte Träume. Darum **handle!**

Umso wichtiger ist deine richtige Motivation, daran erinnere ich dich immer und immer wieder. Denke regelmäßig an den Grund, warum du diese Veränderung für dein Leben und dich willst, dann fällt das Handeln und Umsetzen viel leichter.

Der nächste wichtige Schritt beim Manifestieren eines Wunsches ist es, auf die Zeichen im Außen zu achten. Sobald uns klar ist, welche Veränderung wir wollen, senden wir diese Frequenz ins Universum und wir bekommen im Alltag immer wieder kleine „Wegweiser", Zeichen. Das können bestimmte Menschen sein, die mit dem Wunsch zu tun haben, Gespräche, Worte, Gegenstände, Zeitungsartikel usw. Sie erinnern uns daran, dass wir auf dem richtigen Weg sind, die Erfüllung unseres Wunsches bereits im Gange ist und wir im Vertrauen bleiben dürfen. Mit dem Erkennen dieser Zeichen im Außen können wir nach und nach mehr loslassen. Wir bleiben im Vertrauen, dass der Wunsch zu hundert Prozent erfüllt wird, in welcher Form auch immer. Dieser Part soll uns nämlich absolut egal sein, ansonsten grübeln wir wieder viel zu viel und senden so folgende Botschaft ins Universum: „Ich wünsche es mir zwar, aber ich glaube eigentlich nicht daran, dass es funktioniert. Wie auch? So einfach kann es nicht sein!"

Das alles bedeutet, dass das Leben also doch ein sogenanntes Wunschkonzert ist, dass wir keine großen Anstrengungen brauchen, um in Fülle zu leben. Es bedeutet aber nicht, dass man absolut nichts dafür tun muss. Manchmal ist es tatsächlich so, aber oft erfüllen sich die Wünsche auch durch eine spontane Idee oder Eingebung, die uns dann zum Ziel führt. Nichts davon hat allerdings mit Überarbeitung, Stress und Druck zu tun: Es wird mit absoluter Leichtigkeit passieren.

Hier nochmal eine knackige Anleitung, wie ich das Manifestieren für mich verstanden habe:

- bewusst werden, was man sich wünscht
- es sich wirklich detailliert vorstellen
- im absoluten Vertrauen sein und im Wissen, dass es in Erfüllung geht
- nicht darüber grübeln, wie es passiert
- loslassen, nicht mehr darüber nachdenken und die Tools anwenden, die in den nächsten Kapiteln beschrieben werden
- eventuelle Zeichen erkennen und weiterhin im absoluten Wissen und Vertrauen bleiben – keinen zeitlichen Druck aufbauen
- Sobald du keinen Druck mehr verspürst, keine Zweifel mehr hast, kannst du empfangen. Das Loslassen ist wohl der wichtigste Part beim Manifestieren und gleichzeitig der herausforderndste.

Unsere alten Glaubenssätze können uns sehr im Weg stehen und blockieren, deshalb dürfen wir im Alltag immer wieder gut auf unsere Gedanken achten.

Zu diesem Thema habe ich drei Buchtipps, wobei ich sicher über zwanzig Bücher gelesen habe. Das war damals meine Art, nicht ins Handeln zu kommen. Ich habe mir über interessante Themen unzählige Bücher durchgelesen, das Gelesene verstanden und geglaubt, aber mich nie bereit dazu gefühlt, einfach zu beginnen. Stattdessen habe ich mir ein weiteres Buch zu genau demselben Thema geholt und gehofft, dass sich allein durch das Lesen einfach alles verändern wird. Dadurch habe ich ein starkes Signal ins Universum geschickt: „Ich zweifle und glaube nicht daran, dass es funktioniert!" Und was ist passiert: gar nichts! Weil ich nicht zu hundert Prozent im Vertrauen war. Weil ich das Gegenteil von dem ausgesendet habe, was ich eigentlich wollte.

Wir können uns noch so viel Wissen aneignen, wenn wir nicht ins Handeln kommen, wird sich nie etwas verändern.

Das hier soll kein Buch über Manifestation sein, darüber gibt es schon viel zu viele hilfreiche. Da das Thema in einem glücklichen Leben aber auch eine große Rolle spielt, muss es unbedingt seinen Platz hier finden. Und ja, das mit dem Manifestieren klappt wirklich, vielleicht glaubst du mir nicht. Dann rate ich dir umso mehr: Versuche es, es kostet absolut nichts!

Hier noch meine drei Buchtipps, die für mich am inspirierendsten sind:

The Secret von Rhonda Byrne: der Klassiker zu diesem interessanten Thema.

Die Macht Ihres Unterbewusstseins von Dr. Joseph Murphy: Dieses Buch nannte ich jahrelang meine „Bibel". Auch heute noch schlage ich es oft einfach zufällig auf und schaue, welches Thema mich in diesem Moment inspiriert.

Ein neues Ich von Dr. Joe Dispenza zeigt auch vor allem aus wissenschaftlicher Sicht, wie genau Manifestation funktioniert.

Dankbarkeit

Du bist jetzt durch die Tür gegangen, du hast deinen ersten Schritt gemacht und weißt, wie und wer du in Zukunft sein wirst. Im Alltag erinnerst du dich daran und handelst immer öfter danach. Bis jetzt ging es in diesem Buch um Veränderung, wichtig ist, dass wir wachsen und uns weiterentwickeln, um so viele Erfahrungen wie möglich zu sammeln und Freude am Leben zu haben.

Jetzt aber sind wir hier an einem Punkt angelangt, an dem ich dir eine wichtige Sache mitgeben möchte:

Wir befinden uns geistig ständig in der Vergangenheit, denken an die Zukunft und vergessen dabei eines: **jetzt** zu leben.

Auf den vorherigen Seiten habe ich geschrieben, dass du dein Zukunfts-Ich bereits leben sollst. Du sollst danach handeln, dich immer wieder daran erinnern, es bereits verkörpern und vor allem es von Herzen fühlen, so oft es geht.

Wesentlich, um sofort mehr Glück in dein Leben zu ziehen, ist aber tatsächlich etwas anderes. Das Geheimnis liegt, wie so oft, in der Leichtigkeit. Wenn wir nämlich nur an die Zukunft denken, uns nach ihr sehnen und mit Druck dorthin wollen, hat das einen großen Nachteil:

Dann sind wir ständig im Mangel, wir denken vielleicht ständig an das, was uns noch fehlt, um glücklicher zu sein. Das kann zu einem Dauerzustand werden und uns so immer weiter von unserem Traumleben entfernen.

Wir freuen und so sehr auf das Wochenende, auf den Urlaub und all das, was in Zukunft geplant ist, dass wir den aktuellen Moment ausblenden. Wir zählen Tage und Stunden, um endlich Abwechslung zu bekommen, was Neues zu erleben und da vielleicht glücklicher zu sein. Das Leben wird so zum ewigen Warten auf etwas Besseres und das ist wohl das Schlimmste, womit wir unser kurzes Leben verbringen sollten.

Für sehr viele Menschen auf dieser Erde läuft es Tag für Tag so ab. Wobei jeder einzelne Tag so viel Schönes in sich trägt, so vieles, um dankbar zu sein und voller Lebensfreude. Das Geheimnis eines zufriedenen, erfüllten und glücklichen Lebens ist es, genau das wieder zu sehen; achtsamer zu werden mit sich und der Erde und einfach mal vom Gas zu treten: Entschleunigung. Das klingt zu einfach oder zu kitschig für viele, obwohl es jedem und jeder absolut einleuchtet und auch alle wissen.

Kennst du die Aussage oder den Gedanken „Ich muss nur noch ..., dann bin ich glücklich ..."?

- ... nur noch 15 Kilogramm abnehmen, dann bin ich schlanker und glücklich.
- ... nur noch dieses neue Auto, dann bin ich glücklich.
- ... nur noch gesund werden, dann bin ich endlich glücklich.
- ... nur noch die neue Ausbildung machen, dann habe ich noch mehr Wissen und bin endlich glücklich.
- ... nur noch drei Tage rumbringen, dann habe ich endlich Urlaub und bin glücklich.
- ... nur noch mit einem Van um die Welt fahren, dann bin ich glücklich.
- ... nur noch selbstständig werden, dann bin ich frei und glücklich.
- ... nur noch die neue Sprache lernen, dann bin ich glücklich.
- ... nur noch 10.000 Follower, dann bin ich absolut glücklich.
- ... nur noch diese Auszeichnung, dann bin ich glücklich.

Ein beliebter Spruch, dem man so oder so ähnlich immer wieder begegnet, ist:

> „Wir warten jede Woche auf Freitag,
> das ganze Jahr auf den Sommer,
> ein ganzes Leben auf Glück
> und vergessen dabei eines, jetzt zu leben."

Das ist wohl das Fatalste am Leben und uns Menschen. Wir können alles haben, aber es wird immer zu wenig sein. Wir sind immer auf der Suche nach einer Steigerung des Glücks und der Fülle, wir sind nie zufriedenzustellen.

Es ist gut, sich auf die Frequenz des neuen Ichs einzustimmen, es zu leben und sich immer daran zu erinnern. Sicher und im absoluten Vertrauen zu sein, dass die Träume in Erfüllung gehen – es zu wissen. Eine viel wichtigere Möglichkeit, wirkliches Glück sofort in sein Leben zu ziehen, ist aber eine weitere: dankbar für das zu sein, was wir bereits haben!

Dankbarkeit und Liebe sind die stärksten Kräfte im Universum. Durch sie ziehen wir in Höchstgeschwindigkeit Fülle und Glück in unser Leben. Dafür müssen wir dasselbe aber erstmal aussenden.

Bevor du einen neuen Job möchtest, darfst du dankbar für deinen jetzigen sein und das Geld, das du dabei verdienst. Bevor du ein neues Haus willst, darfst du dein jetziges zu schätzen wissen und dankbar sein für den warmen Schlafplatz, der nicht für alle selbstverständlich ist. Bevor du einen Partner oder eine Partnerin möchtest, darfst du dich selbst zu schätzen wissen und erkennen, wie wunderbar du selbst bist, dass du von niemandem abhängig bist und genug bist für dein Glück. Bevor du mehr Geld willst, darfst du jeden Cent zu schätzen wissen, den du gerade hast, und jede Rechnung, die du bezahlen kannst. Bevor du abnehmen willst, darfst du deinen Körper an sich als Wunder anerkennen und schätzen, was er täglich für dich leistet – unbewusst und selbstverständlich.

Egal wo du im Leben stehst, Dankbarkeit wird alles sofort verändern, wenn du es zulässt und dich ganz dafür öffnest.

Ich habe mich als Kind und vor allem in meiner Jugend sehr oft nicht gut genug gefühlt, und auch später in meinem Leben. Als ich auf das Thema Dankbarkeit gestoßen bin, war es für mich nicht so einfach, diese wirklich zu integrieren. Bis dahin war ich es gewohnt, in einem Opfer-Denken gefangen zu sein. Ich spürte, immer, wenn es mir nicht gut ging, mehr Aufmerksamkeit und Liebe. Daher liebte ich es lange Zeit – unbewusst eigentlich immer –, krank zu sein, Wehwehchen zu haben, wenn es mir sonst nicht so gut ging. Auf eine ungesunde Art und Weise machte mich das sogar glücklich, weil ich dadurch die Aufmerksamkeit bekam, die ich im Außen ständig suchte. Das verstehe ich heute durch meine Reflexionsarbeit, damals hatte ich davon natürlich keine Ahnung. Ich verurteilte immer die Menschen um mich, weil sie mich in meinen Augen unfair behandelten. Dabei spiegelten sie mir nur, wie immer, mein Innenleben wider – perfekt sogar.

Mir einzugestehen, im Jetzt glücklich zu sein, war daher mit viel Geduld verbunden. Ich sagte mir zwar, dass ich dankbar bin, gefühlt habe ich es anfangs allerdings nicht. Ich begann damit, ein Dankbarkeitstagebuch zu schreiben. Diese Übung fand ich in unzähligen Büchern zu diesem Thema. Jeden Tag schrieb ich zehn Punkte auf, für die ich an diesem Tag oder allgemein dankbar bin. Mit der Zeit begann ich zu sehen, wie viele unerwartete Überraschungen, Glücksmomente und Wunder jeden Tag passierten. Wenn ich sie nicht schriftlich vor mir gehabt oder darüber nachgedacht hätte, hätte ich sie nicht mal wahrgenommen.

Mir waren täglich so viele, großartige Sachen passiert, aber ich habe jahrelang nichts davon bemerkt.

Ich war mir der schönen Momente nicht bewusst, weil ich so sehr vom Außen abgelenkt war und gefangen in meinem eigenen „Mangel-Opfer-Zustand". Vielleicht klingt es für dich, als wäre ich durch eine depressive Phase gegangen. Aber nein, das bin ich nie: Ich schreibe hier von Zuständen und Gefühlen, die viele von uns in sich tragen, ohne es zu wissen. Deshalb ist die Selbstreflexion in den ersten Kapiteln dieses Buches auch so wichtig. Wir können so endlich aufwachen, Ballast abschütteln und unser Leben richtig leben.

» Hier habe ich zwei sehr wichtige Übungen bzw. Fragen, die du für dich beantworten sollst: Werde dir bewusst, wer du bist, was du in deinem Leben bereits erreicht hast und was du an dir magst oder schon liebst.
Sind es Abschlüsse, auf die du stolz bist? Sind es Momente, in denen du mutig warst? Sind es Körperstellen, die du besonders an dir magst?
Ist es deine offene, zuvorkommende Art? Sind es deine Kinder?
Ist es deine Arbeit, die du sehr gut machst?
Was gefällt dir an deinem Leben, was gefällt dir an dir selbst und wofür bist du dankbar in deiner Vergangenheit? «

Auf uns selbst stolz zu sein, kann uns erst mal blockieren. In der Gesellschaft werden selbstbewusste Menschen nicht immer gerne gesehen. Man gehört eher dazu, wenn man sich selbst kleinhält. Mit heute darf das auch für dich aufhören.

Verdammt, sei stolz auf dich! Lebe und feiere dich!

Bestätigung von außen

In den Augen vieler Menschen hatte ich bereits vor zehn Jahren einen sehr guten Grund, um ordentlich stolz auf mich zu sein. Ich war öfter im Fernsehen, gab Interviews und Zeitungen schrieben wöchentlich über mich und meinen Erfolg.

Es gab allerdings eine Person, die damit nicht umgehen konnte. Dieser Mensch war jemand, der selbst nie auffallen wollte und auch andere, die sich zeigten oder nicht handelten wie der Rest, schnell verurteilte. So auch mich – ich bin der Überzeugung, dass sich das alles absolut unbewusst im Kopf dieses Menschen abspielte. Durch seinen Einfluss erlaubte ich mir nicht, stolz auf mich zu sein, mich lieber kleinzuhalten und meinen Erfolg runterzuspielen. Es handelt sich um eine wichtige Person in meinem Leben, deshalb ließ ich mich auch unbewusst so stark negativ beeinflussen.

Ich habe mich aber verändert und gelernt, nicht mehr das zu glauben, was andere über mich denken.

Ich habe in den letzten Jahren verstanden, dass die Menschen in meinem Umfeld mir helfen wollen. Weil ich mich weiterentwickelt habe, konnte ich dieser Person nach langer Zeit verzeihen. Auch heute kommen noch manchmal komische Kommentare über meine Arbeit aus ihrer Richtung, sie treffen mich aber kaum noch. Ich weiß, wer ich bin und was ich kann! Bestätigung von außen brauche ich nicht mehr.

Das ist auch wieder ein Thema, das in die Vergangenheit führt. Wie oft wurden wir als Kinder gelobt, weil wir mal was Schönes gemalt haben, weil wir den Handstand geschafft haben oder einfach nur den Teller aufgegessen haben. Von guten Schulnoten nicht zu sprechen.

Wir haben uns nicht nur von den Meinungen anderer abhängig gemacht, sondern auch unseren Wert daran gemessen!

Das hat weitreichende Folgen bis ins Erwachsenenalter und darüber hinaus. Dieses Gefühl und Glaubenssätze im Zusammenhang mit Lob und Bestätigung haben sich so tief in uns verankert, dass wir auch heute ständig auf der Suche nach Bestätigung (oft von gewissen Menschen), Belohnungen und Anerkennung sind. Wir wühlen gerade wieder ein wenig in der Vergangenheit, aber du siehst, es hängt so viel damit zusammen. Wenn wir ein glückliches und zufriedenes Leben führen wollen, dürfen wir einiges, Blockierendes in uns auflösen.

Kinder also nicht mehr loben? Natürlich loben wir unsere Kinder gerne, sie freuen sich darüber und wir machen es aus Freude. Der idealere Weg aber wäre es, ihnen zu zeigen, dass sie unsere Bestätigungen und schönen Worte nicht brauchen. Das mag für viele nach „zu viel" klingen oder übertrieben. Ich kann dir aus eigener Erfahrung einfach nur ans Herz legen, es anders zu machen. Anstelle von Sätzen wie „Wow, das hast du schön gemalt" probiere „Da hast du dir echt viel Mühe gegeben mit den vielen Farben, gefällt es dir selbst?". Anstatt „Mega, alles richtig bei dem Test – bravo! Dafür machen wir heute Pudding für dich, weil ich mich so freue" sag doch „Bist du zufrieden mit deiner Leistung? Ich habe gesehen, du hast viel dafür gelernt!". Anstelle von „Du bist so toll, du kannst ja schon den Handstand!" probiere „Das fühlt sich toll an, oder? Bist du stolz auf dich nach so viel Übung und Geduld?".

Meine Beispiele und Lösungen könnten sich für dich im ersten Moment eher kalt und unpersönlich anfühlen. Probiere es einfach aus, falls du selbst Kinder hast oder mit welchen zu tun. Du wirst sehen, diese Antworten wirken genauso und die Kinder spüren viel mehr Freude und beginnen vor allem, für sich selbst zu reflektieren.

Dankbarkeitstagebuch

Jetzt, wo du vielleicht noch ein wenig Reflektion hinter dir hast und eventuell eigene Blockaden erkannt hast, gebe ich dir eine weitere Übung mit an die Hand, die du von jetzt an täglich machen solltest.

Eine solche Liste schaut bei mir zum Beispiel folgendermaßen aus:

- Danke für das gesunde Essen heute, es hat megagut geschmeckt und meinem Körper so gutgetan.
- Danke für den Spaziergang heute auf der Alm, die frische Luft habe ich besonders genossen.
- Danke für die 20 Minuten Meditation, die ich mir heute für mich nehmen konnte, sie hat mich sehr geerdet.
- Danke für das Training heute Morgen, ich habe meinen Körper gefordert, ausgepowert und entgiftet.
- Danke für den guten Kaffee, ich genieße ihn jeden Tag.
- Danke für die Zeit, die ich heute im Garten verbringen konnte, ich liebe die Arbeit und unsere Fülle an Naturschätzen dort.
- Danke für die Bestellung, die ich heute verpacken und versenden durfte, so darf ich einem weiteren Menschen helfen.
- Danke für das Telefonat mit meiner Freundin, ich mag es, mit ihr zu plaudern, und genieße unsere Verbindung.
- Danke für das Kompliment, das ich der Kassiererin heute gemacht habe, wir haben uns beide sehr darüber gefreut.
- Danke für die schöne Zeit, die die Kinder heute in Schule und Kindergarten verbracht haben, und für die Zeit mit unserer Kleinsten, die wir inzwischen genießen konnten.

» Schnapp dir dein Notizheft oder einfach Zettel und Stift und notiere dir von nun an täglich zehn Dinge, für die du am jeweiligen Tag oder allgemein dankbar bist. Mache die Übung am besten morgens nach dem Aufwachen oder abends, bevor du einschläfst. Wenn du aber nur an einem anderen Zeitpunkt die Möglichkeit dazu hast, ist das auch absolut in Ordnung. Diese zehn Punkte können alles enthalten, wofür du dankbar bist – vor allem Alltägliches wie den Strom, das warme und kalte, reine Wasser, deinen warmen Schlafplatz, das Essen, deine Arbeit, der Ort, an dem du leben darfst … «

Jede Liste ist sehr individuell, versuche, immer auch den Grund für deine Dankbarkeit miteinzubauen. Jetzt bist du dran! Bleibe wirklich dran und mach die Übung jeden Tag.

Einen weiteren Tipp möchte ich dir noch an die Hand geben, du findest die Übung auch in meinem Kochbuch *Silvis Wohlfühlküche*. Ich habe sie mal gelesen und seither immer angewandt. Suche dir einen Stein, ein Armband oder sonst einen kleinen Gegenstand, den du in deine Hosentasche geben oder anziehen kannst.

Immer, wenn du den Gegenstand ab heute siehst und wahrnimmst, schaust du ihn kurz an und überlegst dir einen Grund, für den du im Moment sehr dankbar bist. Es ist dein Dankbarkeitsstein, Dankbarkeitsarmband, Dankbarkeitsring oder was auch immer du dafür gewählt hast. Somit schließen wir das Kapitel Dankbarkeit. Sobald du begonnen hast, sie in dein Leben zu integrieren, beginne mit dem Lesen der nächsten Seiten.

Es bringt nichts, das ganze Buch schnell zu Ende zu lesen und schon fast zu überfliegen. Das Gelesene darf unbedingt verinnerlicht und vor allem angewandt werden, ansonsten wird sich in deinem Leben nichts verändern. Darum ist es auch so wichtig, dieses Buch mehrmals zu lesen. Ich gebe dir hier reichlich Informationen, Erfahrungen und Vorschläge an die Hand. Das alles können wir nur sehr langsam aufnehmen, verstehen und verinnerlichen. Mit jedem Mal Lesen wirst du Stellen im Buch entdecken, die du vorher noch nicht bewusst wahrgenommen hast.

Nicht gegen, sondern für etwas sein

Ich selbst bin und war schon immer jemand, die ihren eigenen Kopf durchgesetzt hat. Es hat sich in mir alles widerstrebt, einfach das zu machen, was alle machen, „normal" zu sein. Ich wollte nicht zwangsläufig dazugehören, brav und leise sein und das machen, was andere sich von mir erwarteten. In gewissen Momenten meines Lebens schon, aufgrund meiner Glaubenssätze. Aber sehr oft machte ich mir klar, wer ich eigentlich bin, vor allem als Kind.

Das haben meine Eltern mir auch immer vorgehalten und zu verstehen gegeben, wie anstrengend es für sie war. Heute weiß ich, wie schwer es ist mit so einem Kind, wir haben gleich drei davon und es raubt uns manchmal den letzten Nerv. Gleichzeitig bin ich unwahrscheinlich glücklich und stolz, dass sie so sind und sich nicht verbiegen lassen, um irgendwo dazuzugehören. So lernen wir täglich, sehr viel gelassener zu sein, und verstehen, dass gewisse Forderungen an unsere Kinder absolut keinen Sinn ergeben. Denn auch wenn ich selbst von Anfang an ein solcher Freigeist war, sickern bei mir manchmal noch die Sätze durch, die ich als Kind selbst gesagt bekommen habe, um mich zu bremsen. Ich muss immer wieder mal schmunzeln, weil ich mich dabei ertappe. Sehr oft schmunzeln aber auch meine Eltern und sagen, sie seien froh, dass ich dasselbe „mitmachen" darf mit meinen Kids.

Auf einem Event, bei dem Alex und ich beruflich dabei waren, sagte der Veranstalter zu mir: „Ich mag es einfach, immer das Gegenteil von dem zu machen, was andere tun. Aber Silvi, da brauche ich dir nichts erzählen, du bist genauso." Ich wusste zwar, dass das der Wahrheit entspricht, aber trotzdem gefiel mir der Satz. Ich liebe es sogar, wenn man mich als etwas rebellisch ansieht, denn genauso fühle ich mich, seitdem ich denken kann.

Dennoch dürfen wir beim „Rebellieren" auch wieder achtsam werden. Genauso wie wir dazugehören wollen, wollen sich viele von uns auffällig von der Gesellschaft distanzieren.

Immer, wenn wir stark **gegen** etwas sind, schwingt eine nicht ideale Energie mit. Wir verstärken so genau das, was wir eben nicht wollen!

Gegen etwas zu sein, lässt uns tiefer schwingen, es lässt uns negative Gefühle hegen und Fehler bei allen anderen sehen, die nicht so denken und handeln wie wir. Das passiert automatisch. Umso wichtiger ist es wieder, deiner Intuition zu vertrauen, wirklich zu fühlen, was für dich als einzigartiges Individuum auf dieser Erde denn jetzt richtig oder falsch wäre. Wie du am besten für dich handelst und die Meinung anderer dabei außer Acht lässt.

Ich weiß, wie schwer das sein kann. Vor zwei Jahren hatte ich einen meiner schlimmsten Tage aller Zeiten. Unserem Kind ging es in der Schule im Dorf sehr schlecht, es kam mit dem Schulstoff gut mit, aber war fertig vom gesamten Schulsystem. Täglich kam es nach Hause und weinte, weil es müde war, aber noch unendlich viele Hausaufgaben zu erledigen hatte. In der Schule gab es einige Situationen, an denen es seelisch zerbrach. Am Ende des Schuljahres war es ein verschlossenes, leises Kind, das keine Lebenslust mehr spürte. Einmal sagte es sogar zu mir, dass es glaubt, im Himmel wäre es schöner, sterben wäre vielleicht nicht so schlecht. Diese Worte eines sechsjährigen Kindes sind unerträglich und zeigen, dass alles, was eigentlich als normal gilt, für einige nicht auszuhalten ist.

Daraufhin haben wir beschlossen, es von der Schule zu nehmen und in eine nahe gelegene Waldorfschule einzuschreiben. Also passierte es: Ich war schon wieder nicht normal. Mein Umfeld kam absolut nicht damit klar, im gesamten Dorf wird so etwas rege besprochen. Ich habe viele Menschen mit unserer Entscheidung getriggert. Besonders jene Menschen, die „unnormale" Handlungen nicht akzeptieren und hassen, weil sie selbst nicht den Mut haben, nach ihrer Intuition zu handeln. Denn – du weißt es bereits – es stört uns an den anderen immer nur das, was uns eigentlich an uns selbst stört.

Also war unser Kind eines der einzelnen Kinder im Dorf, das nicht die Dorfschule besuchte. Ein paar Aussagen und Diskussionen mit der Familie waren nicht einfach, sodass es mir sehr schlecht ging. Als der erste Schultag in der Dorfschule kam und unser Kind nicht daran teilnahm, war es für alle bestätigt. Die Worte einer bestimmten Person waren so hart, dass ich nachher in Tränen ausbrach, mich hilflos fühlte und nicht mehr wusste, ob ich einen gewaltigen Fehler begangen hatte. Der Protest über Monate mir gegenüber sammelte sich wieder und ich brach emotional zusammen. Obwohl ich mich sehr gut reflektiere, mich gut kenne und zu meiner Meinung stehe, zerbrach ich an diesem einen Tag an so viel Widerstand und Protest, der ausschließlich an mich gerichtet war.

Vor allem die Glaubenssätze „Da müssen alle durch", „So schlimm ist es doch gar nicht in der Schule hier, was ist denn dein Problem?", „Jetzt mach dich nicht lächerlich, alle anderen schaffen das auch", „Du bist schuld, wenn dein Kind hier keine Freunde mehr hat" oder „Dein Kind gehört hier nirgends mehr dazu" hörte ich in dieser Zeit so oft. Genau diese Aussagen sind es, die geschwächte Seelen noch schwächer werden lassen, sie sind fatal und können zerstörerisch wirken.

Heute bin ich dankbar dafür. Diese Situation hat mich innerlich so sehr weitergebracht, so sehr gefestigt und gestärkt, wie keine andere in meinem Leben. Einmal mehr habe ich gezeigt, wofür ich stehe und was ich mir für meine Familie wünsche. Ich bin nicht gegen die Schule und das Schulsystem, ich bin für die Alternative, die wir wählen durften! Unser Kind ist durch den Schulwechsel innerlich wahnsinnig gewachsen. Es ist offen, humorvoll, steht zu seinen Meinungen und vor allem reflektiert es sich selbst so gut, dass ich immer wieder staune. Es hat mir im Nachhinein auch erklärt, dass es sich bereits im Kindergarten völlig missverstanden, ungehört und ungerecht behandelt gefühlt hat. In der alten Schule hat es dann durch zwei Situationen aber vor allem eine Sache gelernt: Auch wenn du Hilfe brauchst, bist du auf dich allein gestellt. Fragst du nämlich einen Erwachsenen danach, wirst du nur lächerlich gemacht und damit allein gelassen. Ich möchte damit nicht sagen, dass das Schulsystem in allem schlecht ist und alle Lehrerinnen und Lehrer „böse". Unser sensibles Kind aber hätte von Anfang an was anderes gebraucht, um optimal zu lernen und innerlich zu wachsen. Andere Kinder kommen mit dem System auch zurecht und entwickeln sich auch dort sehr gut. Ich bin der Überzeugung, jeder spürt selbst ganz genau, was sich besser für das eigene Kind anfühlt.

Allein dieses Erlebnis zeigt mir, nach der eigenen Intuition zu handeln, und die Meinungen anderer außen vor zu lassen, ist das Wertvollste, was man für sich im Leben tun kann!

Die Meinung anderer ist es aber oft, die uns bremst. Sie bremst uns daran, das zu tun, was sich eigentlich absolut richtig und gut anfühlen würde.

»Deshalb frage dich ganz bewusst: Was würde in deinem Leben anders sein, wie wärst du oder was würdest du jetzt tun, wenn es keine anderen Menschen gäbe, denen du gerecht werden willst, denen du etwas beweisen willst oder denen du trotzen willst?«

Nicht gegen etwas zu sein, bedeutet auch, offen zu bleiben und viel gelassener durchs Leben zu gehen. Nehmen wir ein sehr aktuelles Beispiel: Vor wenigen Minuten war ich für einen Moment online bei Facebook, um etwas zu teilen, da kam eine Werbeanzeige eines veganen Restaurants. Darunter über hundert Reaktionen anderer Menschen. Mindestens drei Viertel der Kommentare waren mit Hass und Provokation geschrieben, den anderen Teil schrieben Menschen, die sich vegan ernähren und die „Hater" zurückbeleidigten. Also ein Werbepost absolut nur mit Hass gefüllt. Das Restaurant freut sich sicher sehr darüber, bei so vielen Reaktionen bekommt es große Sichtbarkeit. Dann kam noch eine Werbeanzeige für ein veganes Festival in Südtirol. Ich fand die Idee großartig! Aus Neugier schaute ich mir auch hier die Kommentare darunter an: hundert Prozent Boshaftigkeit und Arroganz. Sie beleidigten nicht nur die Ernährungsweise, sondern auch die Frau, die auf dem Video erklärte, um was es ging.

Diese beiden Beispiele zeigen nur eines auf: eine Reihe von stark getriggerten Menschen!

Wenn wir stark gegen etwas sind, in diesem Fall Veganismus, hat das seinen Grund. Wenn dieses Thema uns nicht mehr loslässt, es starke negative Gefühle, Trauer, Wut, Hass in uns aufkommen lässt, dann können wir uns selbst beglückwünschen: Wir haben ein sehr großes Thema, eventuell auch eine große innere Blockade in uns gefunden, die danach schreit, gelöst werden zu dürfen. Wären wir mit unserer eigenen Ernährungsweise zufrieden und im Allgemeinen glücklich und im Reinen mit uns selbst, hätten wir nie – in keiner Weise und zu keinem Zeitpunkt – das Bedürfnis, andere schlechtzumachen, zu bewerten oder gar zu beleidigen.

Wir hätten kein Problem mit Menschen, die anders sind und anders handeln als wir selbst!

Nie kämen wir auf diese grausamen, verletzenden Gedanken. Verletzend für beide Seiten. Denn wenn man aus Wut oder Hass handelt, tut man sich oft selbst mehr Schlechtes als der Person gegenüber.

Was können also wahre Gründe der Menschen aus dem Beispiel sein, welche andere Leute, die keine tierischen Produkte essen, angreifen?

Sie wissen, dass die eigene Ernährungsweise nicht ideal ist, aber schaffen es nicht, weniger Tierisches zu essen. Sie sind nicht bereit oder stark genug für eine kleine Veränderung.

Sie sind Bauern, Metzger oder andere, die mit diesen Produkten ihr Geld verdienen, und sehen in diesen Menschen Konkurrenz, wodurch sie Verlustängste haben.

In diesen Fällen handeln Menschen aus Selbstschutz und Ängsten. Auch umgekehrt ist dies der Fall: Warum beleidigen Veganer oder Vegetarier andere Leute, die tierische Produkte essen?

Sie können es nicht mehr ertragen, wie wir Menschen Tiere sehen und behandeln. Auch können es viele nicht mehr aushalten, was wir der Erde damit antun. Dabei spielen Gefühle wie Ohnmacht, Hilflosigkeit, Wut, Hass oder Angst eine Rolle.

Sie zwingen sich aus den oben genannten oder gesundheitlichen Gründen selbst dazu, vegetarisch oder vegan zu leben. Das fühlt sich nicht einfach an, weil sie manchmal unglaublich gerne tierische Produkte essen würden, aber sie verbieten es sich. Fleischesser triggern sie daher stark.

Ich selbst esse seit einigen Jahren kein Fleisch mehr, es fühlte sich für mich absolut nicht stimmig an. Zusätzlich beschäftigte ich mich intensiv mit Vegetarismus und nachdem ich einige Fakten zum Thema körperliche und geistige Gesundheit und dem Zustand der Tiere und der Erde aufgrund unseres Konsumverhaltes las, beendete ich das Fleischessen von einem Tag auf den anderen. Nie mehr hatte ich das Bedürfnis, zusätzlich bin ich heute noch, Jahre später, täglich dankbar, wenn das Essen vor mir steht. Es fühlt sich für mich wunderbar an, kein Fleisch zu essen, und erfüllt mich mit großer Freude. Auch vegan essen wir zu Hause wahnsinnig gerne, sogar viel öfter als vegetarisch. Es fühlt sich einfach durch und durch richtig für uns an. Genau deshalb hat es mich nie gestört, wenn Menschen um mich herum Fleisch essen. Ich bin so glücklich mit meiner Ernährungsweise, dass ich nie das Bedürfnis habe, anderen Vorwürfe zu machen, sie lächerlich zu machen oder zu beleidigen. Es ist mein Körper, es ist meine Art zu leben, also ist es auch meine Sache. Ich liebe es, die Tiere zu entlasten, die Erde zu entlasten und vor allem mir spürbar gutzutun.

Alles, was wir **wirklich** tun können, ist, auf uns selbst zu schauen. Mit Vorwürfen, Belehrungen und Respektlosigkeit kommen wir **nie** weiter!

Die Entscheidung anderer habe ich keineswegs in der Hand. Auch nicht die meiner Kinder: Wenn sie möchten, dürfen sie Fleisch essen, wenn nicht, dann nicht. Alles, was ich tun kann, ist, es nach meinen Vorstellungen (vorzu-)leben, bei Bedarf zu erklären, warum ich so bin und handle, und zu betonen, dass die Entscheidung bei jedem Einzelnen liegt. Punkt.

Auch wenn du einen starken Drang haben solltest, Tiere zu schützen, auf diese Ungerechtigkeit und Grausamkeit hinzuweisen, die wir Menschen hier abziehen, schaffst du das durch Hass nicht. Du konzentrierst dich durch diese Wucht an negativen Gefühlen gegenüber anderen, Unternehmen und Großkonzernen, stark auf das, was du nicht willst. Dadurch nährst du dieses Feld noch viel stärker und erreichst am Ende nur eines: Noch mehr davon! Du weißt es, die Energie folgt unserem Fokus. Immer.

Es gibt so viele Beispiele, wogegen wir sein können und was uns wirklich stark triggert. Je nachdem, was wir uns selbst wünschen und an anderen sehen oder was wir selbst ablegen/ändern möchten, es jedoch nicht schaffen.

- Menschen, die nicht arbeiten – Menschen, die sich überarbeiten
- Menschen, die eine glückliche Beziehung führen – Menschen, deren Beziehung auseinanderbricht
- Menschen, die sich gesund ernähren und Sport machen – Menschen, die nicht auf sich achten oder starkes Übergewicht und andere Symptome haben
- Menschen, die schlecht über andere sprechen – Menschen, die nie schlecht über andere sprechen
- Menschen, die sich beruflich etwas aufgebaut haben – Menschen, die ihre Arbeit hassen
- Menschen, die sich nicht stressen lassen und mit Leichtigkeit leben – Menschen, die dauergestresst sind und ständig etwas tun müssen
- Menschen, die rauchen – Menschen, die nicht rauchen
- Menschen, die viel reisen – Menschen, die nur zu Hause rumsitzen

Am Ende sind wir alle individuell und haben unterschiedliche Ansichten und Arten, dieses Leben genießen zu wollen, wir haben verschiedene Ziele und Prioritäten. Vor allem aber haben wir alle absolut unterschiedliche Gefühlserfahrungen, die wir als Seelen sammeln wollen. Es gibt kein Richtig oder Falsch, das für uns alle gilt!

Das, was uns also wirklich weiterbringt, ist, nicht gegen das zu protestieren, was wir nicht haben oder sein wollen, sondern das zu zeigen und zu verkörpern, was wir uns wünschen für andere und diese Erde, was wir sind und wovon wir noch viel mehr wollen. Ohne Hass, ohne Respektlosigkeit, ohne Wut! Nur durch Freude, durch die eigenen Glücksgefühle und nicht zuletzt durch die Liebe!

Liebe ist die Antwort.

Dieser Satz ziert meinen Handybildschirm. Ich sehe ihn jeden Tag und erinnere mich so immer wieder an das, was wirklich wichtig ist: viel mehr Liebe in diese Welt und unter die Menschen zu bringen. Immer, wenn ich mich in einer Situation befinde, in der ich eigentlich dazu tendiere, genervt zu sein, wütend oder gar laut zu werden oder etwas Ungünstiges zu sagen, erinnere ich mich an diesen Satz. Egal, um welche Situation es sich handelt, die Antwort ist immer Liebe!

- ↘ Das Kind ist launisch, frech und unausstehlich? Es braucht Liebe: eine Umarmung, ein „Ich verstehe dich" oder einfach jemanden, der/die ihm zuhört und da ist.
- ↘ Du wurdest von einem Menschen beleidigt? Dieser Mensch braucht eigentlich nur eines: einen Menschen, der ihn sieht, der ihm zuhört und da ist. Er hat es nicht leicht im Leben, auch wenn es nach außen hin anders scheint.
- ↘ Du bist gestresst und überarbeitet? Du brauchst Liebe, die du dir selbst schenkst, höre dir zu, sei für dich da und verstehe dich.

Nicht immer ist es leicht, so zu handeln. Wer umarmt einen Menschen, nachdem der einen beleidigt hat? Die wenigsten können das in diesem Moment. Es genügt vorerst, wenn wir uns bewusst werden, warum dieser Mensch so gehandelt hat.

Menschen, die andere beleidigen oder auf eine andere Art schaden, tun das nur aufgrund von sehr viel mangelnder Liebe und Selbstzweifeln.
Nur verletzte Menschen verletzen Menschen.

Mit der Arbeit an dir selbst, an deinem Inneren, kannst du nach und nach immer mehr Liebe zulassen. Deine Herzenswand bricht von Mal zu Mal mehr ein und macht so viel mehr Platz. Du wirst offener, verständnisvoller und toleranter mit deinem Umfeld. Du spürst und strahlst mehr Liebe in jeder Form aus!

Vor vielen Jahren, vor allem während meinen Anfängen auf den sozialen Medien, bekam ich sehr viel „Hate" für mein Online-Ich. Häufig beschimpften mich Menschen unter Beiträgen, machten mich lächerlich oder kritisierten alles, was ich schrieb und sagte. Auch wenn es meistens Fake-Profile waren, war es für mich eine sehr große Herausforderung. Ich bin ein sensibler und harmoniebedürftiger Mensch. Mit Streit und Hass konnte ich noch nie gut umgehen und nahm alles persönlich. Das nagte sehr an mir.

Heute bekomme ich so gut wie nie mehr Hass zu spüren, ab und an mal verirrt sich eine unzufriedene Seele zu meinem Profil und schreibt etwas Respektloses darunter. Durch die Arbeit an mir selbst und die Erfahrungen durch den Hass, den ich die letzten Jahre zu spüren bekam, konnte ich lernen, damit umzugehen. Ich verstand den Grund, warum Menschen so etwas tun, vor allem hemmungslos hinter einem Bildschirm. Immer, in jeder Hinsicht, mangelt es ihnen an Glück, Zufriedenheit und Liebe. Deshalb bekommen sie immer eine Antwort von mir unter ihren Beiträgen: ein Herz-Emoji. Früher habe ich hasserfüllt zurückkommentiert, Schutz und Zuspruch bei meiner Community gesucht und mich tagelang schrecklich gefühlt. Heute verschicke ich ein Herz und höre nie wieder von diesen wenigen Menschen.

Ich habe diese selbst in mein Leben gezogen, sie halfen mir beim Wachsen und Friedenschließen mit vielem – dafür danke ich ihnen von Herzen! Ein weiterer Grund, nicht gegen solche Menschen zu sein, die nicht handeln wie wir selbst: Wir alle erfüllen auf die eine oder andere Weise unseren Sinn und Zweck für andere auf dieser Erde. Wir triggern und werden getriggert, und das ist gut so, wenn wir was daraus machen.

Achtsamkeit – das Leben sehen

Im Alltag verlieren wir uns oft sehr schnell in Gewohnheiten. Wir schenken uns keinen Raum für Überraschungen und Wunder. Stattdessen erleben wir sehr viele Tage gedankenlos, fast wie ferngesteuert. Wir stehen auf und machen tagtäglich immer dieselben Dinge und somit auch dieselben Erfahrungen. Wir treffen und hören dieselben Menschen, der Speiseplan ändert sich selten, wir sitzen viel vor Bildschirmen und spüren wenig vom Leben.

Wir sind hier, um das schönste Leben zu leben, das wir uns vorstellen können. Dafür müssen wir uns aber erst öffnen!

Wann hast du das letzte Mal getanzt? Laut gesungen? Wann hast du dir deinen Lieblingsmenschen geschnappt und ihr habt einen Kurztrip oder einen kurzen Ausflug in die City gemacht? Ohne Verpflichtungen, vielleicht ohne Kinder, wenn du ein Elternteil bist. Wann hast du das letzte Mal nur etwas für dich gemacht? Einfach mal viel Spaß gehabt? Es gibt so viele Kleinigkeiten, die unseren Alltag unvergesslich machen können!

Wie sieht dein Alltag momentan aus? Was daran müsste oder dürfte sich ändern, damit du ihn mehr genießen kannst? Du denkst vielleicht zuerst an deinen Beruf, den du sofort kündigen müsstest, oder an all das Essen, das du nicht mehr essen und kaufen solltest. Vielleicht sogar an deinen Partner oder deine Partnerin, die du endlich verlassen müsstest. Oder träumst du von mehr Geld, um mit einem Van die Welt zu entdecken? Was auch nötig wäre, um deine Träume zu erfüllen, du musst dafür erstmal noch nicht ins kalte Wasser springen und alles über den Haufen werfen. Es braucht viel Mut für einige Veränderungen, oft bedeuten sie auch großes Risiko für uns oder unsere Familie.

Ich bin ein sehr großer Fan davon, meine Komfortzone zu verlassen und wirklich oft ins Ungewisse zu springen, aber manchmal ist genau die Langsamkeit der Schlüssel zum Erfolg. Vielleicht lässt dich das etwas aufatmen und du freust dich darüber, dass ich dir hier nicht sofort rate, dein Leben über den Haufen zu werfen und alles zu riskieren.

Wie bereits im vorigen Kapitel beschrieben, geht es auch sehr stark darum, deinen jetzigen Zustand, dein momentanes Leben wertzuschätzen und zu genießen, täglich Gründe für echte Dankbarkeit zu finden. Was macht dein Leben bereits jetzt so richtig lebens- und liebenswert? Voraussetzung dafür ist eine weitere Sache: die Achtsamkeit. Sobald wir das Leben nicht mehr nur hinnehmen, sondern beginnen, selbst zu reflektieren, uns kennenzulernen und zu verstehen, spielt Achtsamkeit eine zentrale Rolle in unserem Leben. Ohne sie könnten wir nicht wachsen und weiterkommen. Das, was an der Achtsamkeit aber noch mehr Spaß macht, ist, sie im Alltag immer wieder anzuwenden.

Wenn du kochst, dann koche. Wenn du Zähne putzt, putze deine Zähne. Wenn du abspülst, spüle ab. Wenn du deine Haare kämmst, kämme deine Haare. Wenn du mit jemandem redest, rede mit jemandem.

Es klingt so einfach, tatsächlich aber sind wir in der heutigen Zeit sehr vielen Ablenkungen und Reizen ausgesetzt. Geerdet und achtsam zu bleiben, ist mit sehr viel mehr „Arbeit" verbunden als noch vor einigen Jahrzehnten. Indem wir viel zu oft gedankenlos auf Bildschirme schauen, an die Vergangenheit oder an die Zukunft denken, blenden wir den eigentlichen Augenblick aus. Dabei ist es der einzige Augenblick, der für unser Leben entscheidend ist. Wir haben diesen jetzigen Moment, in dem wir Entscheidungen treffen können, genießen und wahrnehmen können. Einen Wimpernschlag vorher oder nachher ist dieser Augenblick vorbei, und wir haben ihn nicht mal bemerkt.

So vergehen die Stunden, Tage, Jahre und Jahrzehnte, bis wir am Ende dasitzen und uns über alles und jeden beklagen – aus dem tiefen Schmerz heraus, das Leben verpasst zu haben!

Die Einfachheit schafft es, wieder frischen Wind ins Leben zu bringen. Die Kinder machen es uns perfekt vor, sie bleiben am Wegesrand stehen, um eine Ameise dabei zu beobachten, wie sie ein Blatt bis zum Ameisenhügel schleppt. Sie bleiben am Bach stehen, um einen Stein hineinzuwerfen und auf die Spritzer zu warten oder einem kleinen Ast dabei zuzusehen, wie er immer weiter und weiter mit der Strömung davonfließt. Kinder gehen in den Wald und spüren das nasse Moos, legen die Hände darauf, um es zu fühlen. Sie bauen kleine Häuser für die Waldelfen mit all den Naturschätzen ringsherum. Sie beobachten Vögel, wie sie im Wind segeln und riechen an den frischen Blumen.

Sie finden das Leben faszinierend, wunderschön und spannend. Das ist der Unterschied zu den meisten Erwachsenen von uns. Kinder erkennen das Leben noch als das, was es ist. Ab etwa sechs oder sieben Jahren, oft auch früher, werden wir Menschen auf eine andere Realität eingestellt, es geht viel weniger um das Wahrnehmen, Spüren, Beobachten und Spielen. Es geht darum, so viel und so schnell wie möglich zu lernen. Egal ob wir damit komplett überfordert sind oder nicht. Stress und Druck wird großes Thema für sehr viele in diesem Alter. Die Intuition rückt immer mehr in den Hintergrund und wir beginnen zu funktionieren. Für die Achtsamkeit gibt es nicht mehr viel Zeit. Wir sind in der „Realität" angekommen.

Wenn wir ehrlich sind, haben wir in unserem Umfeld sehr wenige Erwachsene und leider auch immer weniger Kinder, die wirklich glücklich und frei sind – weil sie uns unglaublich fehlt, diese vergessene Achtsamkeit.

Indem wir beginnen, unseren Alltag achtsamer wahrzunehmen, ändern wir das Schritt für Schritt. Ein guter Anfang ist es, nicht mehr mehrere Dinge gleichzeitig zu erledigen, sondern bewusst bei einer Sache zu bleiben. Wenn wir putzen, dürfen wir einfach nur putzen und nicht nebenher noch Sprachnachrichten versenden. Wenn wir einen Kaffee trinken, dürfen wir den Kaffee riechen, wahrnehmen und genießen und müssen nebenher nicht durch die sozialen Medien scrollen. Wenn wir die Zähne putzen, dürfen wir einfach nur die Zähne putzen und nicht nebenher noch das Spielzeug der Kids vom Boden aufheben und aufräumen. Wenn wir essen, dürfen wir es genießen und bewusst wahrnehmen, ohne nebenher noch den Podcast zu hören.

Weniger Bildschirmzeit ist heutzutage eine große Herausforderung, weil Smartphones und Co. für sehr viele von uns eine zentrale Rolle im Alltag spielen. Sie sind die perfekte Ablenkung und halten uns von Langeweile ab. Langeweile, die so wichtig wäre, um über wesentliche Dinge nachzudenken: über unser eigenes Leben und über Ideen, wie wir dieses verbringen wollen, was uns wichtig ist, erfüllt und aufblühen lässt.

Da kann Achtsamkeit Klarheit schaffen, wo meistens nur noch Wirrwarr herrscht. Du hast deine Achtsamkeit bereits neu aufleben lassen und eingesetzt, wenn du dir Gedanken zu den ersten Kapiteln dieses Buches gemacht hast; wenn du begonnen hast zu reflektieren und zu beobachten. Jetzt gehst du einen weiteren Schritt Richtung innere Zufriedenheit und schaffst einen noch größeren Raum für die Achtsamkeit.

„Wie erlebst du deinen Alltag zurzeit? Wie nimmst du ihn wahr und wie achtsam bist du mit dir selbst? Wie oft sitzt du da und beobachtest einfach nur, ohne den tiefen Drang, etwas zu leisten und zu tun? Wie oft sitzt du da und isst einfach nur dein Essen ohne Ablenkungen nebenher? Wie oft spielst du mit deinen Kindern ohne Gedanken an Nachrichten, die du gleich noch verschicken musst, oder andere Erledigungen, die in Kürze anstehen.

Wie oft wartest du irgendwo ohne dein Handy in der Hand? Wie oft kochst du dein Essen, ohne andere Dinge nebenher zu erledigen? Wie achtsam liest du gerade diese Zeilen, ohne an eine Sache zu denken, die vielleicht noch zu erledigen wäre? Schreibe deine Gedanken und Beobachtungen in den nächsten Tagen in dein Notizbuch und werde dir schwarz auf weiß bewusst, wie es um deine (so wichtige!) Achtsamkeit bisher steht. “

Meditation – Ruhe bewahren

Es gibt eine Sache, ein Tool für uns Menschen, das uns für kurz oder länger in unseren natürlichen Seinszustand bringen kann – in einen Zustand der Ruhe, der Gedankenlosigkeit und völligen Neutralität. In diesem Zustand haben wir die Möglichkeit, auf „reset" zu schalten und uns einfach fallen zu lassen. Meiner Meinung nach genau das, was uns allen auf dieser stressigen Welt voller ständiger Eindrücke und Informationen sehr fehlt.

Wenn wir unsere Achtsamkeit kontinuierlich steigern wollen, dürfen wir uns das Thema Meditation genauer ansehen. Das Meditieren wird auch in unserer westlichen Welt immer öfter praktiziert, egal ob allein oder in einer Gruppe. Dabei gibt es fast nichts Einfacheres und gleichzeitig Herausfordernderes für uns Menschen. Ganze Bücher wurden zu diesem Thema geschrieben; über diese eine Sache, die uns wieder mit unserem Innersten verbindet, entstresst und die Leichtigkeit und Offenheit in unser Leben lässt, die wir so dringend brauchen, um glücklich und fit durchs Leben zu gehen.

Du wirst dein ganzes Leben durch diese Art des Abschaltens verändern, weil du plötzlich wieder aktiv und bewusst am Leben teilnimmst.

Wir strahlen viel mehr, wir werden schöner, unsere Beziehungen verbessern sich, wir werden gesünder, wir tun wieder das, was uns guttut, hören wieder unsere innere Stimme und werden auf diesem Weg schlussendlich glücklicher und zufriedener. Ja, das alles ist möglich, wenn wir uns jeden Tag oder mindestens mehrmals in der Woche nur ein paar Minuten Zeit nehmen, um nichts zu tun. Dieses „Nichtstun" klingt für die meisten aber bereits zu stressig. Viele sind mal über dieses Thema gestolpert, behaupten von sich allerdings, absolut keine Zeit dafür zu haben.

Hier sind wir bei der Spitzenausrede Nummer eins, um uns nicht verändern zu müssen. Erinnerst du dich? Wir sind Gewohnheitstiere und brauchen viel Überwindung und auch oft Zeit für dieses neue Ich, das wir werden wollen. Auch hier, wie anfänglich im Buch beschrieben, spielt dein Unterbewusstsein die Hauptrolle und sendet dir eventuell Gedanken bzw. Ausreden, um erst gar nicht zu beginnen oder nach kurzer Zeit wieder aufzugeben und zu deinem alten, gewohnten Ich zu werden oder danach zu handeln.

Du wirst nie die Zeit für wertvolle Dinge finden, die dir guttun – diese Zeit musst du dir bewusst suchen und freischaufeln. Wie bei jeder Veränderung.

Wenn du dich dazu entschlossen hast, es mit dem Meditieren zu versuchen, bist du vielleicht hibbelig und zappelig dabei geworden und konntest dich nicht mal eine Millisekunde aufraffen, gedankenlos und ruhig zu sein. Die Gedanken kamen einfach immer und immer wieder und du dachtest: „Meditation ist einfach nichts für mich, die macht mich nur noch unruhiger und nervöser."

Anfangs ist es wohl bei allen von uns so. Du musst dir vorstellen, dass die meisten damit beginnen und zum ersten Mal in ihrem Leben bewusst ihr „System" runterfahren wollen. Plötzlich hören wir uns wieder. Wir hören unsere inneren Gedanken, Sorgen, Ängste, Überlegungen und sehen Bilder im Kopf. Selten bis nie zuvor haben wir das zugelassen. Wir waren einfach immer unter Stress, Strom, Druck, abgelenkt vom Außen und haben nie zugehört, was in unserem Inneren eigentlich abgeht. Wir werden äußerlich also ruhig und hören erstmal unser wirres Inneres. Das kann nervös machen und, ja, auch absolut verunsichern. Schön und einfach ist das nämlich nicht, was in den meisten von uns für Wirrwarr herrscht. Nachdem wir also dasaßen und ein paar Sekunden oder Minuten versucht haben, ruhig zu sein, zum ersten Mal im Leben, demotivierte uns die Tatsache, dass wir es einfach nicht schafften. Damit war (und ist?) die Sache erledigt.

Lasse deine Gedanken zu, sie dürfen nach all den Jahren endlich gehört werden.

Es könnte auch demotivieren, wenn wir denken, Meditation sei zu spirituell und muss schon fast zeremoniell passieren, damit es eine Wirkung hat oder überhaupt funktioniert. Auch das ist absolut nicht der Fall. Natürlich kannst du dir Räucherwerk zulegen, ein schönes Meditationskissen kaufen, vielleicht sogar Kristalle oder Kerzen bereitstellen und dann loslegen. Allerdings ist nichts davon nötig, um zu meditieren. Es kann dir ein schöneres Gefühl geben, vielleicht lernst du durch bestimmte Düfte, dich schneller fallen zu lassen, oder Heilsteine in deinen Händen verstärken für dich den Effekt an sich. Doch grundsätzlich versetzt dich Meditation in diesen seelischen Grundzustand, der für uns absolut immer und überall abrufbar ist, wenn wir uns öffnen – ohne Schnickschnack.

Versteh mich nicht falsch: Auch ich habe meine Meditationsecke mit Heilsteinen, Räucherwerk, Kissen usw., wo ich es an manchen Tagen liebe, lange zu sitzen und mich fallen zu lassen. An anderen Tagen aber liege ich in der Hängematte, sitze am Küchentisch, im Bett, auf der Couch, im Auto oder wo auch immer und nehme mir ganz unkompliziert ein paar Minuten Auszeit.

Wenn wir selbst so unkompliziert werden wie die Meditation an sich, dann können wir sie stressfrei in den Alltag integrieren und werden dabei täglich noch gelassener.

Kommen wir zurück zum Thema Zeit, die uns fehlt, um innerlich aufzuräumen und äußerlich aufzublühen. Wie schon geschrieben, musst du dir diese Zeit wirklich bewusst nehmen, wie bei allen Veränderungen, die du dir wünschst und in deinem Leben integrieren willst. Auch hier ist eine gute Motivation wieder sinnvoll. Obwohl glücklicher und zufriedener zu werden, harmonischer zu leben und absolut gelassener zu werden, meiner Meinung nach schon eine verdammt gute Motivation ist. Denn, du weißt: Du strahlst das alles dann aus und überträgst es somit auch auf dein Umfeld. Dadurch hilfst du uns allen auf dieser Erde ungemein! Auch nur eine Minute Meditation am Tag kann den Unterschied machen. Eine Minute täglich hast du, oder?

Je länger, desto besser oder oft intensiver, das ist klar. Aber überfordere dich vor allem anfangs nicht und plane dir die Zeit ein, von der du sicher bist, sie zu haben. Sobald du im Flow bist, wirst du nicht mehr genug davon kriegen und du wirst bemerken, dass du dir bewusst immer mehr Zeit für Meditation nehmen wirst. Das können dann täglich zweimal 20–25 Minuten sein, z. B. morgens und abends oder einmal mittags 30–40 Minuten. Egal wie lange oder wie oft, je länger oder öfter, desto schöner, aber überfordere dich keinesfalls. Wenn es nur diese eine Minute täglich bleibt, dann ist das auch schon hervorragend.

Meditation sollte niemals etwas sein, das dich nervt oder stresst. Sonst bewirkt diese das Gegenteil von der eigentlichen Wahnsinnswirkung.

Durch die Meditation versetzen wir uns in eine neue Frequenz und erhalten Zugang zu uns selbst, zu uns als Seele. Das muss aber keinesfalls jedes Mal etwas Besonderes sein, etwas Krasses dabei passieren, wir müssen nicht jedes Mal als ein neuer Mensch mit neuen Erkenntnissen und erleuchtet davon aufstehen. In den meisten Sitzungen wirst du nicht mal was bemerken. Du wirst meistens keine Farben und Bilder sehen oder Botschaften empfangen, aber du wirst, ohne es zu bemerken, mit jedem Mal gelassener, ruhiger und innerlich leichter. Denn auch wenn du es nicht bemerkst, es passiert sehr viel in dir drinnen.

Gehe erwartungslos in jede Sitzung und lasse einfach zu, was passiert.

Falls du dich nun fragst, wie man nun am besten damit beginnt, weil du es an dieser Stelle kaum noch erwarten kannst, es selbst zu probieren, gebe ich dir eine kleine Anleitung. Du kannst jetzt und auf der Stelle damit beginnen, nachdem du Folgendes gelesen hast ...

- Schritt 1: Setze dich hin, wie es für dich angenehm ist und wie du es 1–2 Minuten schmerzfrei aushalten kannst.
- Schritt 2: Schließe deine Augen.
- Schritt 3: Atme 3-mal ganz tief über die Nase ein und über den Mund wieder aus.
- Schritt 4: Achte auf deinen Atem – wie fühlt er sich an? Spüre die kalte und warme Luft, die du dabei wahrnimmst.
- Schritt 5: Erkenne eventuelle Gedanken, die aufkommen, nimm sie an und lasse sie ohne Bewertung langsam weiterziehen.
- Schritt 6: Fokussiere dich auf diese Gedankenfreiheit, die in dir herrscht. Auch wenn es nur eine Millisekunde ist.
- Schritt 7: Wiederhole Schritt 5 und 6 immer wieder, bis du die Augen öffnen möchtest.

Das war es auch schon. Im Grunde besteht Meditation aus:

- zur Ruhe kommen;
- fokussieren;
- Gedanken erkennen und weiterziehen lassen.

Mehr ist es nicht – wirklich! Das allein kann dein gesamtes Leben verändern, das kann ich dir versichern.

Du kannst das auch mit offenen Augen versuchen, während du im Auto sitzt, vielleicht im Stau oder wenn du auf jemanden oder etwas wartest, irgendwo. Du kannst es machen, wenn du irgendwo anstehst oder einfach auf einem Stuhl im Büro sitzt. Immer und zu jeder Zeit, wenn du nervös, gestresst, unruhig bist, oder einfach so, auch wenn es dir gut geht und du dieses Gefühl noch verstärken möchtest.

Als Einstieg finde ich diese „Grundform" der Meditation genial. Mit der Zeit kannst du aber auch versuchen, geführte Meditationen zu machen, online oder in einer Gruppe, falls so etwas in deiner Nähe angeboten wird. Dabei kann es dann um verschiedene Themen gehen, die du anschauen, lockern oder sogar lösen kannst. Chakra-Meditationen finde ich persönlich besonders schön, um unser ganzes System, unsere Energiezentren wieder in Einklang und zum Fließen zu bringen. Dabei fokussierst du dich jeweils für ein paar Momente auf jedes einzelne Chakra, spürst es, nimmst es wahr, siehst seine Farbe und wanderst dann gedanklich zum nächsten, sobald es sich „frei" und gut anfühlt. Auch dafür gibt es großartige, geführte Meditationen. Möchtest du es aber in Eigenregie versuchen, findest du hier eine kurze Auflistung, wo sich unsere sieben Grund-Chakren befinden und welche Farbe (für die Visualisierung) jedes davon hat. Mehr Informationen dazu findest du in verschiedenen Büchern, z. B. *Das Chakra-Handbuch* von Shalila Sharamon und Bodo J. Baginski.

CHAKRA	FARBE	ORT
Wurzel-Chakra	Feuerrot	unten, zwischen Genitalien und Anus; verbunden mit dem Steißbein; öffnet sich nach unten
Sakral-Chakra	Orange	oberhalb der Genitalien; verbunden mit dem Kreuzbein; öffnet sich nach vorne
Solar-Plexus-Chakra	Gelb bis Goldgelb	etwa zwei Fingerbreit oberhalb des Bauchnabels; öffnet sich nach vorne
Herz-Chakra	Grün, Rosa, Goldfarben	auf Höhe des Herzens in der Mitte der Brust; öffnet sich nach vorne
Hals-Chakra	Hellblau, Silbrig, Grünlich-blau	zwischen der Halsgrube und dem Kehlkopf; entspringt der Halswirbelsäule und öffnet sich nach vorne
Stirn-Chakra	Indigoblau, Gelb, Violett	einen Fingerbreit über der Nasenwurzel, etwa in der Mitte der Stirn; öffnet sich nach vorne
Kronen-Chakra	Violett, Weiß, Goldfarben	oben, in der Mitte des Kopfes; öffnet sich nach oben

Es gibt sehr viele Arten, die Chakren zu bereinigen/auszugleichen, nicht nur durch eine Meditation. Falls dich Meditation allerdings interessiert, integriere gerne diese Form in deinen Alltag. Du wirst den Unterschied auf allen Ebenen spüren und lieben.

Sobald du mit der Zeit achtsamer wirst, sagt dir auch immer öfter deine Intuition, dein Bauchgefühl, deine innere Stimme, welche Meditation gerade nützlich und passend für dich ist.

Es reicht bereits, wenn du sehr achtsam etwas isst und das als Mini-Meditation betrachtest. Schaue dir das Lebensmittel dafür genau an, rieche daran, gib es langsam in den Mund und lasse den Geschmack und die Konsistenz ganz auf dich wirken. Immer, aber vor allem bei Süßem kannst du das so machen und beobachten, wie sehr viel weniger Lust auf große Mengen du dadurch hast. Du wirst schon allein durch diese Achtsamkeitsübung stark gesättigt. Vor allem weil wir Süßes nicht aus Hunger essen, sondern um ein anderes Bedürfnis damit zu befriedigen. Versuche es beim nächsten Stück Schokolade!

Das Schönste aber ist es, wie auch schon beschrieben, ein oder mehrere Male am Tag eine Fühlpause einzulegen. Die Hände aufs Herz oder in den Schoß zu legen und nach ein paar tiefen Atemzügen zu spüren, wie du dich gerade fühlst und was in dir eigentlich gerade los ist.

Egal wie oft du meditierst, egal wie lange oder kurz, du wirst die ersten Unterschiede sehr schnell bemerken. Vor allem, indem du viel mehr Leichtigkeit verspürst, geduldiger bist und dich nichts mehr sofort aus der Bahn bringen wird. Falls es doch noch der Fall ist, dann ist in diesen Momenten eine Fühlpause genau das Richtige. Ich freue mich, wenn du es versuchst, und wünsche dir viel Freude bei der Begegnung mit deinem Innersten.

Zum Schluss möchte ich dir noch einen weiteren Grund mit an die Hand geben, um es zu versuchen. Sehr viele schreiben mir, weil sie sich fragen, wie ich all das bloß unter einen Hut bekomme: die Arbeit, das gesunde Kochen, den Haushalt, den Sport, allen Kindern gerecht zu werden ... Die Antwort liegt hier im Fokus und somit auch bei der Meditation. Durch das Meditieren verlieren wir keine Zeit, im Gegenteil, es kommt uns so vor, als würden wir sogar mehr Zeit haben. Plötzlich schaffen wir viel mehr Dinge in kürzerer Zeit, aber ohne Druck und den Stress, den wir ja vermeiden wollen. Probiere es aus, es ist wunderbar, wie viel Energie uns diese Momente der Ruhe schenken.

Essen

„Hallo Silvi, ich habe gerade deinen Podcast gehört, von dem ich sehr begeistert bin. Auch deine Beiträge auf Instagram verfolge ich regelmäßig mit Freude. Dein Onlineprogramm interessiert mich auch sehr, vor allem, nachdem ich die Feedbacks der TeilnehmerInnen gelesen habe, die innerlich sehr viel zufriedener, glücklicher und entspannter geworden sind. Genau das will ich auch, weil ich schon lang eine Art Leere und tiefe Unzufriedenheit in mir spüre. Eine Sache aber wollte ich dich fragen. Du schreibst ständig von Wohlfühlernährung und Wohlfühlessen. Was genau hat das bitte mit der inneren Zufriedenheit zu tun? Ich will einfach nur glücklicher und zufriedener werden und nicht meine Ernährung für mich und meine Familie umstellen. Zudem will ich auch gar nicht abnehmen und diese ‚fancy' Lebensmittel kaufen und Gerichte kochen. Die schmecken nicht mal gut."

Das ist eine Nachricht, die heute, September 2023, in meinem E-Mail-Postfach aufgetaucht ist. Ich bin immer wieder erstaunt, welche Botschaften mir das Universum sendet, auch jetzt, wenn ich gerade beim Schreiben dieses Buches ins Stocken gerate. Durch diese Nachricht habe ich den perfekten Einstieg in dieses neue Kapitel gefunden. Zum richtigen Zeitpunkt, wie immer.

Ich hebe es nämlich immer wieder gerne hervor: das Thema Essen und dessen Verbindung zur inneren Zufriedenheit. Eine wunderschöne Frage, die ich dir mit diesem Kapitel beantworten möchte.

Wir essen, weil wir damit unserem Körper lebenswichtige Energie schenken. Das Essen ist dazu da, um uns zu nähren. Diese Funktion allerdings haben wir vor allem durch die Fülle und den Luxus, in dem wir leben, völlig vergessen. Die meisten von uns essen einfach nur dann, wenn es gerade Zeit dafür ist, als Ablenkung, als Belohnung oder wirklich aus Hunger, falls sie diesen noch wahrnehmen und wirklich spüren.

Auch hier dürfen wir die Achtsamkeit wieder mit ins Boot holen. Vielleicht hast du bereits in den ersten Kapiteln dieses Buches für dich herausgefunden, warum du wann wie viel wovon isst. Eventuell greifst du zum Naschkästchen, sobald du gestresst, unzufrieden oder traurig bist. Womöglich isst du was, nachdem dich jemand verletzt hat oder du Langeweile verspürst. Oder du siehst auf deiner Uhr, dass es Zeit für Mittagessen ist, und spürst in diesem Moment ein starkes Gefühl von Hunger.

Sehr viele von uns essen viel zu viel und viel zu viel von allem!

Wir benutzen das Essen oft als Tool, um uns kurzfristig glücklicher, erfüllter oder zufriedener zu fühlen. Die Betonung liegt dabei aber auf „kurzfristig", denn diese Ziele bleiben natürlich langfristig unerreicht. Tatsächlich werden wir dadurch mit der Zeit immer unzufriedener.

Ich möchte dir jetzt die Frage meiner Followerin beantworten:

Die Ernährung spielt eine zentrale Rolle, wenn wir uns inneren Frieden wünschen. Das, was wir essen, wird ein Teil von uns und nährt uns. Das sollte es zumindest, allerdings ist es für die meisten von uns nicht mehr der Fall. Es ist nicht egal, was, wie viel oder wie schnell wir essen. Die Lebensmittel unterliegen, genau wie wir, einer Schwingung. Billiges Fast Food schwingt wahnsinnig niedrig; essen wir es, schwingen wir genauso niedrig, was bedeutet: Wir sind viel unzufriedener, unausgeglichener und unglücklicher. Dasselbe gilt auch für alles Selbstgemachte mit Weißmehl, Zucker, anderen ungesunden Kohlenhydraten und zu viel Tierischem.

Wer seine Ernährung mal so umgestellt hat, dass sie einem wirklich guttut, der spürt das bereits nach wenigen Tagen! Es hat auch seinen Grund, warum diese Gerichte und Nahrungsmittel heutzutage „fancy" sind. Weil die Menschen langsam bemerken, was ihnen wirklich guttut und was eben nicht. Immer mehr spüren das und genießen das neue Lebensgefühl durch eine optimierte, auf sie angepasste Ernährung.

Das, was wir essen, bestimmt zu einem großen Teil, wer wir sind und wie wir uns fühlen. Es geht nicht darum, eine „perfekte", schlanke Figur zu bekommen, wobei das für die meisten ein erwünschter Nebeneffekt ist. Es geht darum, sich wohlzufühlen. Deshalb nenne ich es Wohlfühlernährung und Wohlfühlessen.

Unseren Kindern, Partnern und Partnerinnen machen wir damit ein Riesengeschenk, auch wenn sie davon anfangs oft nicht so begeistert sind. Denn wie du es dir denken kannst, gilt das für alle Menschen. Kinder, die bereits mit einem Vorbild, das sich bewusst ernährt, aufwachsen dürfen, ohne Druck und Stress diesbezüglich vermittelt zu bekommen, haben es später sehr viel leichter, sich Gutes zu tun und eine eventuell innere Leere nicht durch Essen zu kompensieren. Zudem, um auf die Nachricht dieser Frau zurückzukommen, schmeckt Wohlfühlessen mehr als lecker, über 150 Rezepte findest du in meinen beiden Kochbüchern und auf meinem Blog.

Das Problem der heutigen Zeit ist bei diesem Thema aber wohl die Fülle an Informationen und Meinungen. Speziell zum Thema Ernährung gibt es sehr viele Experten und Expertinnen, die jeweils andere Ernährungsformen als die idealste anpreisen. Für die einen ist viel Fleisch wichtig, wobei für die anderen die vegetarische Küche die einzige gesunde Lösung ist. Für den einen Experten sind Milchprodukte unverzichtbar, wobei für die nächste nur vegan die Dauerlösung darstellt. Die eine Diätologin zählt auf genügend Kohlenhydrate, wobei der andere von allen Kohlenhydraten abrät. Es gibt Lebensmittel, die gelten allgemein als sehr gesund und unumgänglich für eine gesunde Ernährung, aber es gibt Menschen, die genau diese nicht vertragen.

Die Fülle an Informationen ist grenzenlos. Weil wir alle täglich essen, ist es wohl auch eines der größten Streitthemen unter uns Menschen. Dann kommen noch so Menschen wie ich daher, die sich für dieses Thema interessieren und die Möglichkeit haben, sich nach knapp über einem Jahr Weiterbildung Ernährungscoach nennen zu dürfen. Darüber ärgern sich immer wieder Fachpersonen, die langjährig verschiedene Ernährungswissenschaften studiert haben. Auch wenn ich seit mehreren Jahren kaum mehr welchen begegne und keine Hass-Nachrichten mehr deswegen erhalte, kann ich ihren Groll verstehen. Und zwar weil diese Vorgehensweise unter Umständen auch sehr gefährlich sein kann. Manche Leute, die eine schnelle Ausbildung machen, könnten mit ihrem „Wissen" anderen Menschen schaden.

Auch von mir wurde das anfangs behauptet, und ja, ich würde meine damalige Ernährungsform heute auch nicht mehr weitergeben. Damals habe ich das Thema Ernährung allein mit dem Ziel abzunehmen in Verbindung gebracht und genauso weitervermittelt. Obwohl dieses Ziel dadurch Hunderte von Menschen erreicht haben, finde ich es rückblickend schöner, was ich meinen Followern zehn Jahre später zu diesem Thema mitgebe. Gleichzeitig sehe ich meinen eigenen, inneren Wandel dadurch und freue mich über ihn.

Genau deshalb ist bei diesem Thema nur eines wichtig: Achtsamkeit. Schon wieder. Wir müssen auf uns und den eigenen Körper hören, denn „Fachpersonen" gibt es zu viele und keiner davon kennt uns so gut wie wir selbst. Du weißt am besten, welche Lebensmittel dir guttun, welche Art zu essen und welche Menge. Dafür ist aber ein großes Stück Eigenverantwortung nötig, denn wir sind auf uns und unseren Körper gestellt – wie selten im Leben, leider. Das wieder zu lernen, die Signale des Körpers zu spüren und diesen zuzuhören, ist ein Geschenk, das du dir unbedingt machen darfst. Dennoch kannst und darfst du natürlich auch in Zukunft Hilfe von anderen Menschen in Anspruch nehmen. Das Körpergefühl, von dem ich hier schreibe, erlangt man nicht innerhalb weniger Tage. Da kann die Hilfe eines „Experten" oder einer „Expertin" anfangs sehr hilfreich sein und gut für den Start in deine Veränderung, dein neues Leben. Suche dir eine Person, die sich für dich gut, stimmig und richtig anfühlt. Es gibt sehr viele Menschen, die großartige, dauerhafte Erfolge durch mein Onlineprogramm „Inner Healing" erlangt haben. Gleichzeitig gibt es bestimmt auch Menschen, die damit keine langfristigen Erfolge hätten. Wir harmonieren nicht mit allen, und das ist okay.

Wir sind alle nur Menschen, die von anderen Menschen etwas lernen, die wiederum nur von anderen was beigebracht bekommen haben. So etwas wie „Wahrheit" oder „den richtigen Weg" gibt es meiner Meinung nach schlichtweg nicht. Das zu erkennen, kann an unserem Ego nagen. Beruflich auf jeden Fall.

Ich wurde von großartigen Ernährungsberatern und weiteren Expertinnen unterrichtet, jedoch habe ich bei Weitem nicht alles aus dieser Weiterbildung für mich im Alltag umgesetzt. Vieles von dem, was uns gelehrt wurde, fühlte sich für mich nicht stimmig an. Also habe ich das meiste selbst ausprobiert, mich noch anderweitig – speziell durch Bücher anderer Fachleute – weitergebildet und bin an einem Punkt angekommen: Es gibt nicht die Ernährungsform.

So individuell, wie wir alle sind, darf auch unsere Ernährung sein. Es gibt keinen Wochenplan, der für alle gilt.

Deshalb glaube auch mir nicht, ich bin auch nur jemand, die ihr „Wissen" weitergibt, wie sie es für richtig hält. Picke dir hier und allgemein aus diesem Buch das heraus, was sich für dich stimmig anfühlt. Lasse den Rest so für dich stehen und schenke ihm für den Moment einfach weniger Beachtung, das ist absolut sinnvoll und gut so.

Höre und spüre wieder dieses klare **Ja** oder **Nein** in dir, es ist immer sofort zur Stelle und sagt dir, wie es für dich weitergehen darf im Leben.

Ich bin ein Fan von unterschiedlichen Ernährungsformen und habe so meine ganz eigene für mich entdeckt. Den Menschen gebe ich diese weiter, mit der Option, selbst wählen zu können, was ihnen guttut und was nicht – ohne Druck, ohne Stress, mit viel Einsatz der eigenen Intuition und Körperwahrnehmung.

Auch diese meine Vorgehensweise ist nicht was für jeden, weswegen wir dankbar sein dürfen, so viele Menschen auf der Erde zu haben, die Unterschiedliches weitergeben. Denn genau das brauchen wir: nicht noch mehr Konkurrenzdenken und Egospielchen, sondern Menschen, die durch ihr Sein andere Menschen anstecken und ihnen von Herzen helfen können.

20 Jahre meines Lebens habe ich sehr kohlenhydrat- und fettlastig gegessen, sehr viele Milchprodukte und Fleisch. Dann habe ich begonnen, die Kohlenhydrate sehr stark zu reduzieren, also „low carb" als meine neue Ernährungsform anzusehen. Mit Beginn meiner zweiten Schwangerschaft habe ich wieder Kohlenhydrate eingebaut, jedoch vorwiegend langkettige, „gesunde". Heute sieht es bei mir folgendermaßen aus: Ich esse gerne langkettige Kohlenhydrate, ich esse gerne „low carb"/glutenfrei, ich esse vegetarisch und auch oft vegan. Das ist die Ernährungsform, mit der ich mich wohlfühle, weil ich zu jeder Zeit mit meinem Körper zusammenarbeite. Auch heute ist das Thema Ernährung für mich nicht zu hundert Prozent abgeschlossen, weil ich mich selbst immer weiterentwickle und verändere. Weil sich die Erkenntnisse der Menschheit auch immer wieder ändern und der Erde anpassen.

Welche Ernährung für mehr Glück und Zufriedenheit?

In meinen Augen ist es tatsächlich so, dass wir Menschen dazu tendieren, sehr einseitig zu essen, außerdem sehr viel und unachtsam. Die meisten von uns haben das Privileg, in absoluter Fülle zu leben, umgeben von mehr als genug Lebensmitteln. Wir haben die Möglichkeit, Spielraum, Spaß und Farben in die Sache zu bringen. Stattdessen ist Gesundheit mittlerweile eher ein Fremdwort in unserer Gesellschaft.

Als „normal" gelten Menschen, die Wehwehchen, Unverträglichkeiten, Übergewicht und andere körperliche Symptome und Krankheiten haben.

Mit einer angepassten Ernährung könnten wir vieles vermeiden, wir würden wieder aufblühen in allen Bereichen unseres Lebens und die Seele hätte keine Notwendigkeit mehr, ihre Hilfeschreie durch diese Zeichen des Körpers auszudrücken!

Was gilt es nun zu beachten, für deine Ernährungsform?

Ich selbst bin kein großer Fan von Milchprodukten. Für mich fühlen sie sich nicht notwendig oder gar gut an. Daher esse ich sie zu Hause sehr selten und eher nur dann, wenn wir auswärts essen. Dennoch kenne ich eine Geschichte einer großartigen Frau, die mich auch wieder bestärkt, niemals das „Richtige" oder „Falsche" an einem Thema zu suchen: Kathrin war mit ihren Freunden einen Sommer lang als Kuhhirtin auf einer Alm. Sie spürten eine wunderschöne Verbundenheit mit den Tieren und empfanden das Melken täglich als dankbares, respektvolles Ritual. Den ganzen Sommer lang pflegten und kümmerten die vier sich um die Herde. Butter und Käse haben sie selbst aus der gewonnenen Milch hergestellt. Eigentlich aß Kathrin bis dahin nicht sehr viele Milchprodukte, aber allein wegen des Verkostens ihrer Produkte und weil es dort oben Hauptlebensmittel Nummer eins war, aßen sie täglich große Mengen davon und tranken auch viel von der Rohmilch. Anfangs wurde die Haut von allen sehr von Unreinheiten geplagt. Mit der Zeit aber wurde es viel besser und sie erzählte mir, dass sie schlussendlich nie wieder so wunderschöne, strahlende Haut hatte wie in diesem Sommer. Auch fühlten sich die Freunde voller Energie und einfach gut auf der Alm. Sie selbst sagt, die Rohmilch spielte dabei sicher auch eine große Rolle sowie die viele Zeit und Bewegung in der unberührten Natur.

Diese Geschichte bestärkte mich nicht darin, mehr Milchprodukte in meine alltägliche Ernährung zu integrieren – das, was ich mitnahm, war vielmehr, dass Tiere und Menschen eins sind. Die Kühe haben Kathrin und ihren Freunden von Herzen gerne ihre Milch geschenkt. Alle vier Freunde sind den Tieren täglich dankbar und respektvoll gegenübergetreten, haben sich mit ihnen beschäftigt und eine sehr starke Verbindung aufgebaut, wie sie mir erzählte. Kathrin ist eine besonders einfühlsame, achtsame Frau.

Wenn wir ein Lebensmittel wirklich als Geschenk ansehen können, die Tiere, von denen wir es bekommen, es uns gerne geben und wir sie mit vollstem Respekt behandeln, dann wird es uns nicht wirklich schaden. Es unterliegt einer so hohen Schwingung, dass es uns seelisch und sogar körperlich unterstützen kann. Obwohl wir Menschen eigentlich nicht dafür gemacht sind, Tiermilch zu trinken – besonders nicht als Erwachsene. Beim Thema Fleisch ist es dasselbe: Fleisch von einem Tier, das viel in der Natur sein durfte, frisches Gras fraß, Muttermilch trinken durfte und sehr schnell und stressfrei getötet wurde, schwingt dieses sehr viel höher als Fleisch von einem Tier, das sein ganzes Leben in einem engen Stall ohne Tageslicht eingesperrt war, das gequält wurde und unter grausamen Bedingungen geschlachtet. Ich bin der Meinung, wir essen diese Emotionen des Tieres, seine Schwingungen mit – egal, ob wir es glauben oder nicht. Ebenso spielt es eine große Rolle, wie viel Dankbarkeit und Respekt wir diesem Tier gegenüber empfinden und gegenüber der Tatsache, dass es für uns gestorben ist. Leider ist es für sehr wenige Menschen möglich, tierische Produkte so frisch, eventuell sogar roh verarbeitet mit ihren wertvollen Enzymen, und auf eine so wunderbare Weise geschenkt zu bekommen. In den Geschäftsregalen finden wir das selten.

Eine andere Frau, die ich kenne, Andrea, hat sich acht Jahre lang ausschließlich vegan ernährt. Am Ende war sie stark abgemagert, war energielos, blass, hatte Haarausfall und keine Monatsblutungen mehr. Sie war sehr schnell reizbar und immer unter Strom. Es ging ihr körperlich und psychisch nicht mehr gut. Bei ihr war laut ihren Erklärungen

Folgendes passiert: Sie hat nicht auf künstliche Fleischalternativen zurückgegriffen, wie man hier anfangs denken möchte. Sie ernährte sich die ganze Zeit über vollwertig vegan, aber unter großem Druck. Unbewusst stresste sie diese Ernährungsweise stark, vor allem weil das vor zehn Jahren noch sehr viel schwieriger umzusetzen war als heute. Familie und Freunde waren meistens tolerant, aber sie selbst machte sich den größten Druck, so perfekt und gesund wie möglich zu essen. Trotzdem machte sie weiter, aber aus einer ungesunden Motivation heraus: Sie war der Meinung, sie müsse sich so ernähren, um gesund zu sein und der Erde zu helfen. Immer mit einem völlig unbewussten Gefühl von negativem Druck.

Sie begann nach acht Jahren also wieder, gelegentlich Eier und Milchprodukte in ihre Ernährung einzubauen und ihr Körper erholte sich bald wieder. Sie erkannte schnell einen wesentlichen Unterschied. Da sie so ihren inneren Stress aus der Sache nahm, kam wieder mehr Leichtigkeit in ihr Leben. Ein tolles Beispiel dafür, was innerer Stress in uns auslösen kann und dass vielleicht nicht jede Ernährungsform zu jeder Zeit ideal für uns ist. Und auch nicht jede für jeden Körper. Ein noch sehr interessanter Aspekt bei ihr ist folgender: Es sind mittlerweile drei Jahre vergangen, seitdem sie nicht mehr ausschließlich vegan isst. Seit einiger Zeit hat sie einen extremen Heißhunger auf Fisch, den sie noch nie in ihrem Leben wirklich gerne gegessen hatte. Diesem Signal ihres Körpers folgte sie und sie hat begonnen, ab und an Lachs in ihre Gerichte einzubauen. Ich finde es wunderbar, was für ein gutes Team diese tolle Frau und ihr Körper mittlerweile sind.

Eine weitere Geschichte handelt von einer wunderbaren Frau, die, seit sie sechs Monate alt war, stark unter Neurodermitis und Heuschnupfen litt. Das ist jetzt 30 Jahre her und damals war eine Ernährungsumstellung noch nicht „normal", in der Gesellschaft gar keine Option, um gesund zu werden. Auch den Begriff „vegan" gab es damals noch nicht. Die Ärzte und Ärztinnen hatten so ein starkes Ausmaß an Neurodermitis wohl noch nie gesehen und dokumentierten „diesen Fall" sogar. Ihrer Mama wurde geraten, ihrer Tochter Cortison zu geben. Sie nahm diesen Tipp dankbar an und der Ausschlag verschwand tatsächlich nach einer einzigen Anwendung. Allerdings gab sie sich mit dieser Lösung nicht zufrieden, es fühlte sich für sie nur wie eine Art „Make-up" an, also als würde die Behandlung nur oberflächlich anschlagen. Daraufhin las sie unzählige Bücher zu dem Thema und kam so zum Entschluss, eine vegane Ernährung für ihre Tochter zu probieren, zudem verzichtete sie bei ihr auch auf jegliche Art von Zucker.

Sieben Jahre lang hat sie ihre Tochter erfolgreich so ernährt, bis sie begann, ihr doch manchmal Tierisches mitzukochen. Jedoch beobachtete sie, dass ihre Tochter, wenn sie mehr davon aß, immer mal wieder Symptome wie erneuten Heuschnupfen, geschwollene Augen und Ausschlag bekam. So ernährte sie ihre Tochter nicht mehr zu hundert Prozent vegan, aber ging achtsam mit tierischen Produkten und Zucker um. Ich bewundere diese tolle Mama sehr, die damals ihrer Intuition gefolgt ist und abseits von Vorurteilen und Herausforderungen ihre Tochter unterstützen konnte. Vor 30 Jahren war es nämlich noch viel anspruchsvoller und schwieriger, vegan zu kochen. Heute ist dieses Kind eine großartige, wunderschöne, strahlende, gesunde Frau, die es nach wie vor liebt, vorzugsweise vegane und vegetarische Gerichte zu essen. Intuitiv. Gemeinsam mit ihrem Freund hat sie sogar ein wunderschönes Bistro mit solchen Wohlfühlgerichten im Angebot. Sie selbst sagt dazu: „Meine Geschichte ist ein wunderbares Beispiel dafür, wie unterschiedlich wir alle sind. Mein System mag nach wie vor nur sehr ausgewählte tierische Produkte, es reagiert bei zu großen Mengen einfach negativ darauf. Bei anderen ist es eben nicht der Fall oder nicht so stark. Ich bin meiner Mama für so unglaublich vieles dankbar in meinem Leben, unter anderem auch für ihren Mut, damals diesen Weg mit mir gegangen zu sein. Danke, Mama!"

Ich hätte noch über fünfzig Erfahrungsberichte von Menschen, die starke körperliche Symptome und Krankheiten hatten, welche sich dann durch eine vegetarische, aber vor allem vegane Ernährung gänzlich erholten und gesund wurden.

Dabei darf man nie außer Acht lassen, dass wir alle absolut individuell sind. Jedes Lebensmittel auf dieser Welt hat für uns auch viele energetische Auswirkungen. Jedes wirkt sich anders auf die verschiedenen Ebenen unseres Körpers aus. Deshalb ist eine intuitive Ernährung genau das, was tatsächlich zu jedem und jeder von uns passen würde, sobald wir bereit dafür sind. Meistens ist dafür auch viel Vorarbeit nötig, wie ich in den ersten Kapiteln dieses Buches beschrieben habe. Weil wir dazu erst wieder lernen müssen, ihm zuzuhören.

Jedes Lebensmittel hat einen Charakter, eine Vibration und eine Frequenz. Je nachdem auf welches Lebensmittel oder Gericht wir Lust haben, kann uns das Auskunft über unser Innenleben geben. Während Reis uns beispielsweise darin ermutigt, innerlich aufzuräumen, sauber zu machen, wegzuwerfen, was nicht mehr zu dir gehört, ermutigt uns Zartbitterschokolade dazu, das auszusprechen, was unser Herz uns sagt. Milchschokolade hingegen sagt uns, dass uns Abenteuer im Leben fehlt und wir uns in jeglicher Hinsicht fürs Leben öffnen dürfen. Gleichzeitig enthalten alle Lebensmittel natürlich unterschiedliche Inhaltsstoffe und mit der Lust auf ein bestimmtes Lebensmittel kann dir dein Körper mitteilen: Iss bitte davon, ich brauche mehr Eisen, Magnesium, Proteine usw. Wenn dich dieses Thema interessiert, schau dir gerne das Buch *Das Füllhorn – Psychologische Symbolsprache der Nahrungsmittel* von Christiane Beerlandt an.

Wenn du also phasenweise, und nicht nur aus Gewohnheit, auf bestimmte Lebensmittel mehr oder weniger Lust hast, dann gehe diesen Signalen deines Körpers nach und iss von diesen Lebensmitteln. Ja, auch ein Stück Schokolade kann dir manchmal helfen, ebenso ein Stück Fleisch oder Milchreis – was auch immer dir dein Körper als Signal sendet. Das Schwierige an der Sache ist jedoch, die Signale deines Körpers von deinen negativen Verhaltensmustern zu unterscheiden. Das Chips-Essen abends auf der Couch, der tägliche Keks zum Kaffee am Nachmittag oder die Zigarette jeden Morgen sind keine Signale deines Körpers, weil er das braucht. Da darfst du von Herzen ehrlich zu dir sein. Aber alles zu den negativen Verhaltensmustern kannst du nochmal in den ersten Kapiteln dieses Buches nachlesen, verinnerlichen und danach handeln.

An dieser Stelle ist nicht wichtig, dass du auswendig über alle gesundheitlichen und seelischen Auswirkungen jedes Lebensmittels Bescheid weißt. Vertraue deinem Körper und seinen Signalen einfach und bleibe cool und offen in deiner Ernährungsweise.

Manchmal ist es nicht mal wichtig, **was** wir essen, sondern **wie** wir es essen.

Sobald ich aufgehört hatte, Fleisch zu essen, verspürte ich täglich eine große, tiefe Dankbarkeit. Mit jedem Gericht, das ich aß, war ich von Herzen dankbar, dass ich gerade kein Tier aß. Dieses Gefühl war keineswegs erzwungen, es kam von allein und wurde von Tag zu Tag stärker. Heute esse ich sehr viel vegan, weil es mir sehr guttut, mit jedem Gericht ohne tierische Lebensmittel bin ich bis heute zutiefst glücklich und dankbar. Dadurch profitiert auch mein Körper sehr von den Lebensmitteln und Gerichten, die ich zu mir nehme. Allein meine Blutwerte waren noch nie so gut wie seit ein paar Jahren. Den Schritt, kein Fleisch mehr zu essen, habe ich von einem Tag auf den anderen gewagt, nachdem ich das Buch *Peace Food* von Ruediger Dahlke gelesen hatte. Wer es gelesen hat, kann meine Entscheidung, Euphorie und Freude durch den seltenen Konsum von tierischen Produkten sicher gut nachvollziehen. Meine Seele teilte mir sofort ein lautes „Ja, das ist es für mich" mit, es fühlte und fühlt sich einfach durch und durch richtig und gut an.

Deshalb ist diese Art zu essen zu dieser Zeit meines Lebens für mich absolut richtig. Was in Zukunft passiert, wird mir dann meine Intuition sagen.

Ein kleiner Test für dich: Gibt es Menschen mit einer bestimmten Ernährungsweise, die dich triggern? Die dich sogar wütend machen? Es kann sehr gut sein, dass du so fühlst, weil du selbst unzufrieden mit deiner Ernährungsweise bist, dir das aber nicht eingestehen willst. Bist du ständig dabei, andere Menschen belehren zu wollen, und suchst Diskussionen, um ihnen deine Meinung aufzudrücken? Eventuell, weil du dir selbst mit deiner Ernährungsweise unsicher bist oder dich dazu zwingst? Wenn es so ist, wirst du mit hoher Wahrscheinlichkeit für dich verneinen an diesem Punkt, ansonsten würdest du dir an dieser Stelle sehr viel Verwundbarkeit eingestehen. So oder so ist es für den Moment okay.

Egal, was uns negativ fühlen lässt, es ist immer unser persönliches, inneres Thema. Offenheit ist auch hier wieder der Schlüssel zur persönlichen Zufriedenheit und inneren Freiheit. Denn du kannst immer nur handeln, wie du es für richtig und gut hältst, du kannst immer nur als Vorbild fungieren, nicht mehr und nicht weniger. Dadurch unterstützt und heilst du die Erde ungemein. Auch steckst du so eher andere Menschen in deinem Umfeld mit deiner positiven, bewussten Lebensweise an. Mit Belehrungen, Hass, Diskussionen und Negativität nährst du lediglich ein Feld, das schon viel zu stark ist auf dieser Erde.

Für mich ist und war es zu keiner Zeit ein Problem, dass so gut wie alle Menschen um mich herum Fleisch essen und täglich viele Milchprodukte konsumieren. Ich kann nur für mich handeln und tue das mit voller Freude.

Wohlfühlküche

Mein Kochbuch *Silvis leichte Küche für alle Tage* beinhaltet über achtzig glutenfreie, kohlenhydratarme, vegetarische bzw. vegane Rezepte. Mein Kochbuch *Silvis Wohlfühlküche* hingegen beinhaltet über siebzig vollwertige, vegetarisch bzw. vegane Rezepte mit langkettigen Kohlenhydraten. Die Bücher ergänzen sich gegenseitig und gehören zusammen. Für den Alltag empfehle ich allgemein, maximal ein- bis zweimal Gerichte mit Kohlenhydraten einzubauen, im Idealfall isst man abends dann etwas Leichtes, eventuell Glutenfreies, Kohlenhydratarmes. Speziell zu dieser Tageszeit macht es nochmal mehr Sinn, den

Körper nicht mit zu schweren Gerichten zu belasten. In der Nacht ist unser Körper von Natur aus damit beschäftigt, sich zu „reinigen", die Zellen regenerieren sich, machen sich frisch und entfalten so unter anderem unsere körpereigenen Selbstheilungskräfte. Wenn der Körper allerdings damit beschäftigt ist, unsere schwere Mahlzeit zu verdauen, hat er für die Regenerierung keine Energie mehr – was mit der Zeit gesundheitliche Folgen für uns haben kann. Das, was für die meisten aber noch interessanter ist: In der Nacht wäre unser Körper eigentlich damit beschäftigt, Fett zu verbrennen, eine zu schwere Mahlzeit vorher lässt ihm auch dafür keine Zeit. Ein wenig anders ist es, solltest du unter Einschlafstörungen leiden, dann empfiehlt sich abends eine kleine Menge langkettiger Kohlenhydrate. Die Rede ist aber auch hier nicht von einem vollen Teller Nudeln.

„Silvi, bei mir dreht sich alles immer nur mehr ums Thema Essen: Wann darf ich, wie viel darf ich, habe ich überhaupt Hunger oder nicht, was koche ich heute, ... das belastet mich sehr und ich möchte das so nicht. Was kann ich dagegen machen?"

Diese Nachricht bekam ich letztens von einer Followerin und ich verstehe sie nur zu gut. Wenn ein Thema so sehr überhandnimmt, dass es nicht mehr gut für uns ist, dürfen wir unbedingt handeln. Nichts, das uns guttut, sollte uns jemals belasten müssen.

Neben Achtsamkeitsübungen und Meditation, die ich absolut jedem und jeder empfehle, habe ich ihr geraten, auch mal Fastenzeiten im Alltag einzubauen. Sehr viele von uns essen nur mehr nach Uhrzeit, nach Stresspegel oder anderen Gewohnheiten. Die wenigsten von uns kennen noch echten Hunger. Um wieder mehr Leichtigkeit und Energie in die Sache zu bringen, empfehle ich deshalb unter anderem immer mal wieder zu fasten.

Mit der Geburt unseres dritten Kindes haben mein Mann und ich begonnen, abends zu fasten. Ich kann mich an keinen Auslöser dieser Entscheidung erinnern, nur mehr an den Zeitpunkt. Ich hatte den Impuls, es zu versuchen, und wie bei jedem Impuls bin ich dem erstmal gefolgt. Gleichzeitig las ich mich intensiv in das Thema ein und war begeistert, welches gesundheitliche und seelische Geschenk ich mir dadurch machen konnte. Da ich schon seit vielen Jahren keine Snacks mehr esse, weil ich sie nicht mehr brauche, aß ich mittags zum letzten Mal und dann wieder am nächsten Tag zum Frühstück. Also gab es von nun an immer Frühstück und Mittagessen. Mein Mann wollte es auch probieren und machte mit. Wir ziehen das jetzt seit über drei Jahren so durch und lieben es. Ich habe ein völlig neues Körpergefühl und Bewusstsein erlangt, außerdem viel mehr spürbare Energie und ich bin fokussierter und ausgeglichener im Alltag.

Beim Fasten ist es – wie beim Essen – auch wesentlich, warum man etwas macht, nicht nur wie man es macht. Ich begann aus der Motivation heraus, meinem Körper gutzutun, daher fiel es mir niemals schwer, das Abendessen auszulassen. Auch hier hatte und habe ich sehr oft Glücksgefühle, weil ich weiß, was ich mir dadurch gerade gesundheitlich und seelisch schenke. Hätte ich begonnen zu fasten, in der Hoffnung abzunehmen, hätte ich es sicherlich nicht durchgezogen. Wie beschrieben, hatte ich schon Zeiten in meinem Leben, in denen ich nichts mehr essen wollte, in der Hoffnung endlich schön genug zu sein und abzunehmen. Jedes Bauchgrollen schmerzte und ich fühlte mich schrecklich damals. Ich hasste es und mich selbst. Die Folge war nach Tagen dann extremes Frustessen und noch mehr Kampf und Hass gegen meinen eigenen Körper und mich selbst. Das Warum, die Motivation, spielt, wie du bereits weißt, immer eine zentrale Rolle, wenn wir Veränderung anstreben.

Der Unterschied zwischen Fasten und Hungern ist ein kleiner, aber sehr wichtiger. Es ist das Gefühl dabei. Fasten kann uns weiterbringen, wenn wir es auf eine gesunde Art und Weise machen, mit der richtigen Motivation. Hungern kann das absolute Gegenteil bewirken, es unterstützt uns in keiner Weise, sondern schadet uns sogar. Hungern hat als Motivation den Wunsch abzunehmen oder nach Aufmerksamkeit bzw. gesehen zu werden. Menschen, die sich stark abhungern, wollen gesehen werden, sich lebendig und angenommen fühlen auf der Erde, sie wollen Liebe fühlen und brauchen diese mehr als alles andere.

Allen, die fasten, um abzunehmen, kann ich sagen: Ich habe dadurch kein Gewicht verloren. Es brachte für mich keinen Unterschied, ob ich zuerst abends was Leichtes gegessen habe oder später dann nichts. Mein Gewicht blieb immer gleich dabei. Das weiß ich nicht, weil ich kontinuierlich auf die Waage steige (davon rate ich generell sehr, sehr stark ab), sondern weil meine Kleidung mir immer gleich passt.

Die bekannteste Methode beim Thema Fasten ist wohl das Intervallfasten 16 : 8, also 16 Stunden fasten und in den anderen acht Stunden die Hauptmahlzeiten essen. Das klingt sehr streng, jedoch werden zu den 16 Stunden auch die Schlafenszeiten dazugerechnet. Es gibt außerdem zahlreiche weitere Methoden, auch in unterschiedlichen Kulturen.

Ich habe meinen Körper und mich dadurch nochmal viel besser kennengelernt und an den wenigen Tagen am Nachmittag oder auch am frühen Abend, an denen ich spüre, dass ich noch etwas essen sollte, höre ich auf mich und gehe dem Impuls nach. Zu keiner Zeit sollte Zwang oder Druck hinter einer Sache stehen.

„Ich habe keine Zeit für eine gesündere Ernährungsform und doppelt kochen kann ich auch nicht, Kinder und Mann essen das sowieso alles nicht."

Gesunde Ernährung ist in meinen Augen immer Organisation. Wir haben noch nicht das Privileg, wirkliches Wohlfühlessen mal schnell irgendwo kaufen zu können. Wir müssen oder dürfen es uns selbst kochen und genau das macht es für viele zum unerreichbaren Ziel.

Der erste Punkt, um diese Ernährungsumstellung für uns selbst oder unsere Familie zu schaffen, ist es, Prioritäten zu setzen. Neben Beruf, Haushalt, Kindern, Freunden und Hobbys ist es nicht einfach, echtes Wohlfühlessen auf den Tisch zu bringen. Aber mit der richtigen Herangehensweise ist es machbar. Wie auch in meinen Kochbüchern beschrieben, gibt es ein paar einfache Tipps für die Umsetzung. Bevor du dir die Tipps durchliest, frage dich aber, ob du diese Denkweise nicht als Ausrede benutzt, um dich nicht verändern zu müssen. Sei dabei ehrlich zu dir und sortiere deine Prioritäten neu.

Tipp 1: Erstelle einen Wochenplan. Mit diesem ersten und wichtigsten Tipp bzw. durch dessen Umsetzung hast du bereits die Hälfte geschafft. Wenn du dir nämlich nicht mehr jeden Vormittag erst überlegen musst, was du heute kochen oder zur Arbeit mitnehmen könntest, ersparst du dir sehr viel Stress und vor allem schnelle, ungesunde Gerichte. Du setzt dich beispielsweise am Wochenende hin, schlägst deine Lieblingskochbücher auf und schreibst dir mit deren Hilfe deinen Wohlfühl-Wochenplan. Auch kannst du anhand seiner Hilfe bereits dafür einkaufen und hast immer zu Hause, was du wirklich brauchst. Nebenher vermeidest du dadurch Lebensmittel, die im Kühlschrank schlecht werden. Mit der Hilfe deines Wochenplans weißt du immer bereits am Vortag, was du am nächsten Tag kochen wirst, und du kannst – wenn du Zeit hast – schon etwas vorbereiten, wodurch du viel organisierter und stressfreier bist. Bei mir geht das sehr oft nebenher und ich habe dadurch vormittags Zeit für andere wichtige Dinge. Die meisten glauben tatsächlich, dass ich den ganzen Tag in der Küche stehe, das ist überhaupt nicht der Fall.

Tipp 2: Vorkochen und vorbereiten. Wenn du die Möglichkeit hast, Gerichte einzufrieren, bietet sich natürlich die Möglichkeit, einiges in größeren Mengen vorzubereiten und im Gefrierschrank so immer spontan bereit zu haben. Solltest du diesen Luxus nicht haben, ist es sinnvoll, von einem Gericht mehr zu kochen und es auf mehrere Tage in der Woche aufzuteilen. Für etwas Abwechslung kannst du es mit verschiedenen Beilagen essen. Du kochst beispielsweise für Montag Kartoffelgulasch, aber davon die doppelte Menge. Am Montag isst du es mit Reis, am Dienstag isst du etwas anderes und am Mittwoch isst du das restliche Gulasch mit Polenta. Oder aber du isst an zwei aufeinanderfolgenden Tagen dasselbe, das liegt natürlich bei dir. Dasselbe gilt, wenn du abends leichte Gerichte essen möchtest. Du bereitest die doppelte Menge eines leichten Rezepts zu und genießt den Rest davon an einem anderen Abend.

Tipp 3: Achtsamkeit in Bezug auf Essen. Wenn du an gewissen Tagen nicht die Möglichkeit hast, eigenes Essen zuzubereiten, beispielsweise weil du arbeitsbedingt mit deinen Kollegen und Kolleginnen ins Restaurant oder eine Mensa essen gehen kannst, kannst du dennoch sehr viel selbst steuern, um dir gutzutun. Die erste Option ist, nochmal zu überlegen, ob du dir doch dein eigenes Wohlfühlessen zu Hause machen und mit zur Arbeit nehmen könntest. Vielleicht steckst du damit sogar andere an, es auch so zu machen. Wenn du nicht auf das gemeinsame Auswärtsessen verzichten möchtest, aus welchen Gründen auch immer, dann nutze Achtsamkeit, um dir trotzdem gutzutun:

Iss dein Essen dort mit einem guten Gefühl, es schadet dir, wenn du es mit schlechtem Gewissen isst.

Iss jedes Gericht sehr langsam und bewusst, lege dabei die Gabel auch mal beiseite. Eine kleine Hilfe könnte sein, jeden Bissen mindestens 20-mal zu kauen. Versuche, beim Essen auch immer wieder den Geschmack zu erkennen und wirklich zu schmecken, was du gerade isst. So isst du weniger und wirst auch schneller satt. Du trainierst deinen Körper auf diese Weise wieder zu erkennen, was echter Hunger und vor allem was dein Sättigungsgefühl ist.

Diesen Tipp darfst du auf jeden Fall in deinen Alltag integrieren, nicht nur wenn du auswärts oder „ungesund" isst. Diese Achtsamkeit beim Essen kann Auswirkungen auf deinen gesamten Alltag haben. Mit der Zeit wirst du automatisch viel achtsamer und bewusster durch den Alltag gehen, wenn du es zulässt.

Tipp 4: Bleibe cool. Du musst nicht vom einen auf den anderen Tag deine gewohnte Ernährung über den Haufen werfen und von nun an alles genauso „perfekt" umsetzen, wie du es dir wünschst. Eine Veränderung braucht seine Zeit, Gewohnheiten sind tief in uns verankert und können nicht von dem einen auf den anderen Tag gelöst werden. Du wirst auch in Zukunft immer mal wieder Phasen in deinem Leben haben, an denen du dich mal bewusster oder unbewusster ernährst. Je nach Lebenslage, Situationen und Gefühlen werden wir vor allem anfangs, am Beginn einer Umstellung, gerne mal in unsere alte Realität zurückgeschleudert. Wir essen manchmal aus Frust, Stress, Druck und anderen Gefühlen wieder wie zuvor – so wie es uns eigentlich nicht guttut. Das ist für sehr viele der Moment, in dem sie ihr Vorhaben, gesünder zu essen, über den Haufen werfen und wieder bei ihren alten Essgewohnheiten landen. Es ist unkomplizierter, gewohnter und so viel einfacher für uns.

Dann kommen auch die Sätze wie „Bringt ja eh alles nichts!", „Ich kann das sowieso nicht", „Eigentlich schaue ich ja nicht so schlecht aus, andere sehen schlimmer aus" ... Unser Unterbewusstsein, das Veränderungen hasst, wie du dich vielleicht erinnerst, meldet sich so also wieder. Das Einzige, was du in diesen Momenten tun kannst, ist es, dir nicht zu glauben. Diese Phasen zu akzeptieren und so bald wie möglich wieder zu beginnen, dich auf dein Ziel zu fokussieren. Besonders wenn du bereits ein- oder mehrmals hintereinander so gehandelt und gegessen hast, wie du es eigentlich nicht mehr willst. Akzeptiere es, akzeptiere den Prozess und beginne wieder von vorne. Nur so wirst du dein Ziel auch wirklich erreichen.

Tipp 5: Verbiete dir nichts. Wenn wir zu verbissen bleiben, dann macht diese Umstellung keinen Spaß, und das wäre schade. Du kannst auch weiterhin Gerichte essen, die dir nicht unbedingt guttun, du kannst weiterhin zwischendurch naschen und dir „etwas gönnen". Das Geheimnis an der ganzen Sache liegt darin, dass deine alten Gewohnheiten nicht wieder überhandnehmen. Gehe auch mal mit deinen Freunden essen, genieße das gute Essen auf der Almhütte, lasse den Schokokuchen auf deinem Mund zergehen und liebe es.

Zu diesem Zeitpunkt kann es auch immer wieder hilfreich sein, dich daran zu erinnern, welcher Mensch du in Zukunft sein willst. Das Kapitel über Selbstreflexion hast du bereits gelesen, auch hier spielt sie aber wieder eine sehr wichtige Rolle. Hole sie immer wieder, auch gerne täglich mit ins Boot auf deiner Reise zu deinem neuen, strahlenden Wohlfühl-Ich. Mithilfe von Achtsamkeit und vor allem mit den Jahren, in denen du nach und nach ein neues Körpergefühl erlangst, spürst du wieder, was echter Hunger ist, was dein Körper jetzt wirklich braucht und was dir nicht guttut. Früher habe ich öfter Süßes gegessen ohne irgendwelche Symptome oder Signale des Körpers, lediglich mein Körpergewicht hat dadurch zugenommen. Wenn ich heute mal was Süßes esse, was nicht mehr sehr oft passiert, dann bin ich sehr achtsam. Es ist mittlerweile nämlich so, dass mein Körper nur mehr eine kleine Menge an Zucker gewohnt ist und mir übel wird, wenn ich zu viel davon esse. Dasselbe gilt, wenn ich abends etwas zu Schweres esse: Dann kann ich sehr schlecht ein- und durchschlafen. Auch am nächsten Tag spüre ich eine ständige Schwere und Unwohlsein. Für mich sind das sehr tolle und wertvolle Signale meines Körpers und ich bin mir selbst dankbar dafür. Endlich, nach über zwei Jahrzehnten Kampf gegen meinen Körper, arbeiten wir als Team zusammen.

Zu der letzten Frage einer Followerin: „Silvi, warum sollte ich glutenfrei essen, wenn ich gar keine Unverträglichkeit dafür habe?"

Ich habe meine beiden Kochbücher nicht aufgrund eines Trends geschrieben. Ich habe sie verfasst, weil ich der Meinung bin, dass wir viel vielseitiger essen dürfen. Immer mehr Menschen leiden unter Unverträglichkeiten, physischen und psychischen Symptomen oder Krankheiten, die durch die richtige Ernährung verhindert werden könnten. Durch eine ganzheitliche Lebensumstellung noch mehr. Indem wir auch kohlenhydratfreie, glutenfreie, vegane und vegetarische Gerichte in unserem Speiseplan einbauen, entlasten wir unseren Körper sehr. Er hat wieder Zeit, um durchzuatmen, zu regenerieren und einen Gang runterzuschalten. Das spürst du als Erstes an deinem Energielevel, an diesem inneren Lebensfeuer, das dadurch wieder entfacht wird. Ich sage nicht, als gesunder Mensch soll man dauerhaft auf Gluten verzichten, aber man sollte genauso wenig immer glutenhaltige Lebensmittel integrieren. Bereits ganz am Anfang dieses Kapitels habe ich darüber geschrieben, jetzt am Ende erinnere ich dich mit diesen Sätzen nochmal daran.

Es ist nicht egal, was, wie und wie viel du wovon isst.

Ich möchte die Menschen dazu ermutigen, vielseitig zu bleiben bei der Ernährung, nichts gänzlich auszuschließen, wenn sie das nicht möchten oder es sich nicht gut anfühlt. Es macht absolut Sinn, unserem Körper immer mal wieder Pausen zu gönnen von unserer eher deftigen, kohlenhydratlastigen Ernährung voller tierischer Produkte. Er freut sich, auch mal Glutenfreies zu bekommen, Veganes oder Vegetarisches. Leider fühlen sich viele Menschen schon allein, wenn sie diese Wörter hören oder lesen, vor den Kopf gestoßen. Offenheit ist ein Schlüssel – sie darf viel mehr integriert und gelebt werden. Du trägst schon einen großen Teil bei, indem du dieses Buch liest. Danke!

Mit Achtsamkeit bei der Ernährung wirst du ein völlig neues Körpergefühl entwickeln, allein dadurch wirst du sehr viel dankbarer, glücklicher und zufriedener mit deinem Körper und in deinem gesamten Alltag.

Bewegung

Alles hier handelt davon, wie du deine eigene Schwingung im Alltag erhöhen kannst. Ein wichtiger Teil davon ist auch die Bewegung. Wie bei jeder guten Veränderung müssen wir uns dafür oft aufraffen, vor allem weil wir Bewegung vielleicht mit etwas Mühsamem, mit Schmerzen und viel zu viel Anstrengung verbinden.

Als ich damals jahrelang versucht habe abzunehmen, dachte ich auch immer, dass Sport dafür sehr wichtig wäre. Fast noch wichtiger als die Ernährung. Ich war in verschiedenen Fitnessstudios angemeldet, anfangs hoch motiviert, und habe ein Abo abgeschlossen. Nach ein bis zwei Monaten oder auch oft schon vorher habe ich mich dort allerdings nicht mehr blicken lassen. Ich gab – wie bei vielem anderen auch – viel zu schnell auf, weil ich überfordert war und die Sache absolut oberflächlich und unbewusst angegangen war. Ich wollte gut genug sein, glücklich und schlank, um „gesellschaftstauglich" auszusehen. Da ich von einem Tag auf den anderen also meine Ernährung radikal umgestellt und parallel mit Sport begonnen hatte, schaffte ich, wenn überhaupt, nur wenige Wochen, es durchzuziehen, bis es mir zu viel wurde. Mein Unterbewusstsein meldete sich dann mit den Sätzen „Das bringt ja eh alles nichts", „Andere sind noch dicker als ich, so schlecht sehe ich gar nicht aus", „Ich mache eine Pause und fange am Montag wieder neu an" usw. Angefangen habe ich dann immer wieder erst ein Jahr später, als ich erneut an einem seelischen und körperlichen Tiefpunkt angekommen war. So wiederholte sich dieses Spiel fast ein Jahrzehnt. Bewegung war mir wegen meiner Erfahrungen immer ein Dorn im Auge. „Wie kann man sich so was nur freiwillig antun", dachte ich mir oft.

Als ich mit 21 Jahren dann meine Ernährung erfolgreich umgestellt hatte, war Sport parallel kein Thema. Ich wollte mich vollkommen aufs Essen konzentrieren und meine Gewohnheiten anpassen. Auf dieses Bauchgefühl zu hören, war sicher ein wichtiger Grund, warum ich die Veränderung, die ich mir schon lange wünschte, endlich schaffte. Auch heute noch empfehle ich den Menschen, die mich anschreiben, weil sie abnehmen möchten, die Bewegung, also auch regelmäßigen Sport, noch aufzuschieben. Ich betone immer, wie wichtig es ist, sich auf ein einziges Ziel zu fokussieren und dieses zu erreichen, bevor sie eine weitere Veränderung anstreben.

Es bringt nichts, alle Gewohnheiten von einem Tag auf den anderen über den Haufen zu schmeißen und alles perfekt machen zu wollen.

Die zwanzig Kilo habe ich allein durch die Ernährungsumstellung abgenommen, meine Liebe zum Sport entwickelte sich erst etwa ein bis zwei Jahre später. Wie auch viele andere Gewohnheiten, die mir guttun, entsprang auch meine Lust auf Bewegung in Verbindung mit meinem inneren „Wachstum". Ich habe begonnen, mich selbst zu reflektieren, mich kennenzulernen, mir zuzuhören, mich viel besser zu verstehen und vor allem zu mögen. Die ersten Kapitel dieses Buches sollen genau das auch bei dir bewirken, ohne Stress und Druck, schön langsam, bis es an der Zeit für dich ist.

Ich habe meine Ernährung über die Jahre ständig verändert und angepasst; ich begann zu meditieren, einfach mal abzuschalten; ich begann, die Menschen um mich herum nicht mehr für mein Unglück verantwortlich zu machen; ich verstand, dass allein **ich** mein Leben in der Hand habe.

So wachte ich eines Tages auf und hatte den Impuls, es doch nochmal mit der Bewegung zu versuchen. Wie so vieles in unserem Leben wirkt sie sich sehr stark auf Körper, Geist und Seele aus, und wir können uns unglaublich guttun, wenn wir sie bewusst einsetzen. Wie alle anderen Tools für ein bewusstes und gesundes Leben können wir aber auch das mit dem Sport so stark übertreiben, dass er uns wiederum schadet. Das könnte passieren, weil wir uns durch zu viel Bewegung von etwas ablenken wollen.

In mir war der starke Drang geweckt, meinen neuen Körper zu bewegen, und ich wollte es auf alle Fälle vermeiden, wieder alles zu übertreiben, um dann aufzugeben. Also begann ich sehr vorsichtig, ein- bis zweimal in der Woche mit einer geführten Yogaeinheit und einem Krafttraining zu Hause. Dadurch, dass ich es so langsam anging, kamen mit der Zeit immer öfter Tage, an denen ich noch ein Training oder eine Session einbauen wollte. Ich trainierte also nach einigen Wochen drei- bis viermal in der Woche und liebte es. Ich liebte dieses Gefühl, absolut ausgepowert zu sein, zu schwitzen, meinen Körper absolut zu spüren und an seine Grenzen zu bringen. Weil ich immer im Hinterkopf hatte, was ich mir dadurch schenkte. Wichtig für mich war, dass ich täglich maximal 30 Minuten trainierte, mehr Zeit konnte ich mir neben Job und Kindern auch nicht einplanen. Doch das ist wie bei der Meditation: Man setzt Prioritäten und nimmt sich die Zeit, von der man sicher ist, sie wirklich nehmen zu können – jede Minute ist besser als nichts.

Es hat sich in den letzten Jahren, auch mit dem Alter der Kinder, immer wieder viel an unserem Rhythmus geändert, so auch meine Sporteinheiten. Eine Weile trainierte ich nachmittags, wenn mein Mann kurz zu Hause war, mit seinem Jobwechsel dann verschob sich meine Sporteinheit auf abends, weil er sich da um die Kinder kümmern konnte. Eine Zeit lang stand ich immer um halb fünf oder fünf Uhr auf, weil ich vor allem morgens oft den Drang zur Bewegung hatte. Mit Stillbaby musste ich flexibel bleiben. Die Bewegung war mir aber so wichtig, dass ich die Zeit immer gefunden habe. An Tagen, an denen ich es nicht schaffte, merkte ich den Unterschied sofort. Nach meinen 30 Minuten Training war ich immer viel ausgeglichener und zufriedener.

Hätte ich mich von Anfang an während der Ernährungsumstellung dazu gezwungen, hätte ich es wohl wieder nicht durchgezogen.

Es wäre wieder alles zu viel geworden und zum Schluss hätte ich keine meiner gewünschten Veränderungen erreicht. Indem ich zuerst abgenommen hatte, hatte ich bereits ein neues Körpergefühl und bewegte mich dadurch leichter. Das motivierte mich noch viel mehr zum Sport. Ein weiterer Grund, sich erstmal auf die Ernährung zu konzentrieren – eines nach dem anderen.

Sehr oft ist der Schlüssel zum Glück die Langsamkeit!

Heute trainiere ich sechs- bis siebenmal in der Woche, also fast täglich, meistens gleich morgens vor dem Frühstück. Die Einheiten sind immer noch um die 30 Minuten, für mich persönlich die ideale Zeit. Dabei variiere ich zwischen Yoga, Pilates, Krafttraining oder HIIT – je nachdem, was sich für diesen Tag richtig anfühlt. Ich habe vor einigen Jahren auch eine Ausbildung zur Fitnesstrainerin gemacht und dann stark nach dem Gelernten trainiert. Das allerdings hat mir mit der Zeit inneren Druck und Stress gebracht, weshalb ich wieder begann, „nur" auf mich zu hören und so zu trainieren, wie es sich für mich gut anfühlte: nicht strikt nach Plänen, sondern nach Gefühl. Allerdings können Übungspläne von Fitnesstrainerinnen/Fitnesstrainern und Co. vor allem anfangs sehr hilfreich für viele Menschen sein, um eine gewisse Richtlinie zu bekommen und das Gespür, was man eigentlich braucht und vor allem wie man am besten beginnen kann. Je nach Fitnesslevel und Vorkenntnissen wäre es wichtig, die verschiedenen Übungen von Profis zu lernen und deren Ausführung kontrollieren zu lassen, um Verletzungen zu vermeiden. Sobald man Bescheid weiß, sind auch Trainingseinheiten zu Hause, beispielsweise mit Videos, möglich.

Deinen Körper gibt es nur einmal und er weiß genau, was er braucht. Voraussetzung ist nur, dass du ihm zuhörst.

Bewegung bedeutet für mich heute Gesundheit, Stimmungsaufhellung, Blockadenlösung, Glück, Zufriedenheit, Körpergefühl und unendlich Spaß. Trotzdem gibt es Tage, an denen ich mich auch erstmal aufraffen muss, um mir diese Zeit zu nehmen. Ich kenne mich aber und weiß um die positiven Auswirkungen in meinem Alltag. Das motiviert mich immer wieder, die Yogamatte auszurollen und, ohne weiter darüber nachzudenken, einfach zu beginnen. Das Gefühl nachher ist dann umso besser und unbeschreiblich. An Tagen, an denen ich nicht trainiere oder mich nicht in der Natur bewege, bin ich ganz anders. Es fehlt mir extrem und im Tagesverlauf hole ich meine Bewegung dann früher oder später nach.

Durch die Bewegung bringen wir unser Energiesystem in den Fluss und entgiften unseren Körper.

Sie hat also viel weitreichendere Folgen auf uns als Ganzes, wodurch ich sie noch schöner und wunderbarer finde. Bewegung muss jedoch nicht 30–40 Minuten Sport täglich bedeuten, das ist nur das, was ich persönlich bevorzuge. Eine weitere Art von Bewegung, die ich liebe, das Spazieren in der Natur oder das Tanzen zur Lieblingsmusik – einfach laut aufdrehen und sich dazu bewegen. Das wird sich zu Beginn vielleicht sehr komisch für dich anfühlen, aber es ist ein so schöner Prozess, irgendwann dazustehen und einfach alle Bewegungen kommen zu lassen. Dazu gehört für mich, manchmal komplett auszurasten oder sich ganz sanft zu bewegen – je nachdem, was unsere Seele gerade braucht. Auf Spotify findest du meine persönliche Tanz-Liste, sie heißt „Silvis Dance List" und über 400 Menschen tanzen bereits zu den Songs darin.

Egal welche Art von Bewegung du bevorzugst, probiere einfach etwas aus, das dir gefallen könnte. Yoga, Bauchtanz, Pilates, Hula-Hoop, Klettern, Krafttraining, Tennis, Fußball ... was auch immer. Lege langsam los, sobald du bereit bist, und bringe dabei alles in dir zum Fließen.

Fehler, bitte!

Wir sind in diesem Buch an einem Punkt angelangt, an dem wir über eines der wichtigsten Dinge in einem Menschenleben sprechen müssen: Fehler. Vielleicht glaubst du auch daran, dass Fehler falsch sind, eventuell, weil du das von klein auf so erfahren und beigebracht bekommen hast. Besonders in der Schule haben viele von uns genau das gelernt: Fehler werden bestraft! Man erhielt schlechte Noten, musste nachsitzen, man durfte nicht mit in den Computerraum, man wurde vor allen Mitschülern an der Tafel bloßgestellt oder die anderen bekamen zur Belohnung Süßigkeiten, nur nicht diejenigen, die zu viele Fehler hatten.

Wenn man sich das so durchliest, klingt es wahnsinnig hart, und eventuell zweifeln viele, ob sich das wirklich so zuträgt. Ich erinnere mich noch zu gut an viele dieser Szenarien aus meiner eigenen Schulzeit, aber auch an die Schulzeit unseres Kindes, bevor wir es an einer anderen Schule eingeschrieben haben. Bei mir, aber auch bei unserem Kind war diese Schulzeit mit vielen Tränen verbunden, die von keinem Erwachsenen ernst genommen wurden – und das schmerzte wohl am meisten dabei.

Das Leben ist halt so: Fehler müssen bestraft werden, wie sollen Kinder sonst was daraus lernen. Oder?!

Sehr viele von uns tragen (oft absolut unbewusst) aufgrund ihrer Vergangenheit diese Glaubensmuster in sich und übertragen sie in die Gegenwart, eventuell sogar auf die eigenen Kinder. Wir setzen sie auch, genau wie wir es selbst erfahren haben, unter Druck, in der Hoffnung, dass mal was aus ihnen wird. Dabei wäre die Lösung so viel einfacher, so viel weniger mit Schmerz, Schimpfen und Trauer verbunden.

Welcher Schatz sich hinter vermeintlichen Fehlern verbirgt, können wir sehr oft beobachten, wenn wir sie zulassen. Durch sie lernen wir fürs Leben, egal ob es mit der Schule, Arbeit oder unserem Privatleben zu tun hat. Um diesen Vorgang zu unterstützen, können wir in erster Linie in vielen Situationen an uns selbst beobachten, wann wir uns selbst oder andere bei Fehlern bestrafen. Sobald wir ein Muster erkennen, können wir, wie bei jedem Thema, ins Handeln kommen.

Wir dürfen die Angst vor Fehlern endlich ablegen und viel mutiger werden, mehr Freude ausstrahlen und den Antrieb finden, unser Leben so zu leben, wie wir es für uns selbst für richtig empfinden.

Ich habe bereits erzählt, dass wir unser Kind aus der konventionellen Schule rausgenommen haben. Es bedeutet nicht, dass du nach dem Lesen dieses Buches auch daran zweifeln musst und dein Kind in ein anderes Schulsystem bringen musst, damit du und es glücklicher werden. Ich bin der Überzeugung, so unterschiedlich wir alle sind, so unterschiedlich lernen wir auch. Nicht jede alternative Schule ist was für jedes Kind und umgekehrt. Es gibt Kinder, die diesen großen Druck aushalten und vielleicht sogar für sich brauchen, weil sie gefordert werden wollen.

Das, was wir zu Hause tun können, ist, den Druck rauszunehmen und die Fehler nicht als schlecht anzusehen. Wir sollten den Kindern erklären, dass Fehler oft gut sind und man aus ihnen sogar sehr viel lernen kann. Damit machen wir uns und den Kindern ein wertvolles Geschenk fürs Leben. Was wäre es für eine Welt, wenn keiner mehr Angst hätte, sein Leben voll und ganz zu leben, wie es sich persönlich richtig und gut anfühlt? Weil keine Gedanken an Fehler im Weg stehen!?

Mich persönlich hinderte die Angst vor Fehlern jahrzehntelang daran, andere Sprachen zu lernen. Ich hatte und habe auch immer noch manchmal große Angst, diese Sprachen zu sprechen, obwohl ich sie gut gelernt habe. Sobald ich sie dann brauche, werde ich oft nervös und vergesse absolut alle Wörter, die ich kenne – allein aus der Angst, einen Fehler zu machen. Mittlerweile kommuniziere ich das aber oft meinem Gegenüber und nehme mir so selbst den Druck, dann fließt es und ich habe Freude daran zu sprechen. Auch wenn der ein oder andere Fehler sicher dabei ist. Heute weiß ich:

Was soll schon passieren, wenn ich einen Fehler mache? In diesem Fall lerne ich umso mehr daraus!

Das ist ein weiteres Beispiel dafür, wie sich in uns eingebrannte, negative Glaubenssätze aus der Kindheit in unserem späteren Leben auswirken. Sie hindern uns an der Freiheit!

Fehler machen wir alle, vielleicht sogar täglich – einfach aufgrund der Tatsache, dass wir Menschen sind.

Ich denke, so gut wie jeder Fehler kann behoben werden. Vielleicht nicht immer gutgemacht, aber wenn es sich um einen Fehler handelt, bei dem wir andere Menschen verletzt haben, können wir uns von Herzen entschuldigen. Dabei lernen wir selbst wohl das meiste, wenn wir wirklich ehrlich sind. Also ist auch das wieder kein Fehler, sondern eine gute oder schlechte Erfahrung. Je nachdem, wie wir es sehen können, je nachdem, wie offen wir für unser Leben werden möchten und ob wir es jetzt selbst in die Hand nehmen.

„Gibt es Fehler aus der Vergangenheit, die du von Herzen bereust? Wie kannst du sie gutmachen und vor allem: Was hindert dich daran?“

Bildschirme

Wir leben in einer Welt, in der sie keineswegs mehr wegzudenken sind: die Bildschirme. Wir sehen sie längst nicht mehr nur daheim, auch auf den Straßen, in der Schule, bei der Arbeit, an unserem Handgelenk und sehr oft starren wir auf den einen Bildschirm, der wichtiger erscheinen mag als unser Leben selbst: unser Handy. Weil sie seit Langem ein großer Teil unseres Lebens sind, stellen wir uns die Frage, welche Position sie im Leben von uns einnehmen.

Wenn du dir die Zeit nimmst, nicht nur andere Menschen zu beobachten, sondern dich selbst, merkst du, wie schnell uns diese Medienwelt vereinnahmt hat. Das passiert still und heimlich, sodass wir es gar nicht richtig bemerken. Wir müssen fünf Minuten auf den Bus warten? Keine Sekunde des Nichtstuns vergeht, dann haben wir schon unser Smartphone in der Hand. Wir haben irgendeine Frage, wollen nur mal schnell während des Kochens jemandem schreiben, während der Autofahrt jemanden anrufen und natürlich andauernd andere Menschen in den sozialen Medien stalken. Viel zu häufig am Tag – aus den unterschiedlichsten Gründen – zücken wir das Handy.

Der ständige Bildschirmkonsum, die ständigen Reize und Ablenkungen halten uns vom Leben ab – ohne Scheiß!

Wir können teilweise keine Minute mehr in Ruhe verbringen, ohne etwas anzusehen, uns zu informieren oder einfach beschäftigt zu sein. Die Folgen sind fatal, am schnellsten spürbar ist der innere Stress. Wir sind immer unter Strom, unter Druck und werden teilweise schon nervös, wenn wir mal kurz nichts zu tun haben. Sollte das nicht auf dich zutreffen, gratuliere ich dir, denn dann bist du eine große Ausnahme in unserer Welt. Für sehr viele aus deinem Umfeld ist das die harte Realität.

“ Beobachte dich mal dabei, wie du im Umgang mit den Bildschirmen bist: Wie du sie verwendest und was sie mit dir machen. Versuche, ein paar Tage lang bewusst deinen Bildschirmkonsum drastisch zu reduzieren, und schreibe in dein Notizbuch, was das Experiment mit dir macht. Wie oft öffnest du eine App am Handy, einfach nur aus Gewohnheit? Wie oft schaltest du den Fernseher an, um dich für etwas zu belohnen, um zu „entspannen“, oder einfach nur, weil du es gewohnt bist? ”

Ich beobachtete über einen langen Zeitraum, dass ich, wenn ich nur mal für ein paar Minuten nicht beschäftigt war, sofort zum Handy griff. Ich öffnete vor allem Instagram absolut aus Gewohnheit, scrollte eine halbe Stunde durch und schloss die App wieder. Das Handy legte ich neben mich, oft lief währenddessen zusätzlich der Fernseher. Nicht mal eine Minute später machte ich ein zweites Mal dasselbe. Sobald ich begann, diese belanglosen, teilweise wirklich komischen Videos anzusehen, musste ich weitermachen. Die Videos sind alle so zusammengestellt und für mich positioniert, dass sie mich sofort fesseln. Vor allem auf Facebook merkte ich das häufig: Mir wurden schockierende Videos angezeigt, die ich mir leider einfach anschauen musste. Da es damit nicht nur mir so geht, verbreiten sich genau diese Art von Videos natürlich umso schneller. Auch sah ich plötzlich oft Videos von genau den Dingen, die ich vor Kurzem mal erwähnt hatte, weil ich sie kaufen wollte. Dass die Geräte heutzutage mit solchen Algorithmen funktionieren, wissen wir, glaube ich, alle. Sie werden absolut auf jeden und jede von uns angepasst, für uns meistens komplett unbewusst.

Als ich mich einmal dabei ertappte, fühlte ich mich wahnsinnig bescheuert: Wie konnte es mir passieren, so viel wertvolle Lebenszeit zu verlieren? An Videos, die mich, wenn ich ehrlich bin, kein bisschen interessierten, geschweige denn weiterbrachten. Ich war so sehr von mir selbst entsetzt und enttäuscht, dass ich beschloss, augenblicklich damit aufzuhören.

Leider sind auch Bildschirme absolut mit einer Sucht verbunden. Wie viele andere Süchte lenken sie uns von unseren Problemen und allgemein von unserem Leben ab.

Deshalb war mein Vorhaben nicht so einfach. Einen Tag ging es gut, am anderen Tag, an dem ich nicht so achtsam war, verfiel ich vor allem den sozialen Medien wieder zu schnell. Ich aktivierte an meinem

Handy einen Timer von 15 Minuten täglich, in denen ich gewisse Apps benutzen konnte. Ich finde es immer noch traurig, dass man sich heutzutage so schützen muss, aber leider ist das Realität.

So hatte ich plötzlich wieder viel mehr Zeit, in der ich mein Handy nicht benutzen „konnte" und auch andere Bildschirme bewusst vermied. Das Fernsehschauen am Abend haben mein Mann und ich uns mit der Geburt unseres dritten Kindes völlig abgewöhnt. Auch das war ein großer Wendepunkt in unserem Leben. Wir waren plötzlich nicht mehr abgelenkt und konnten uns viel wichtigeren Dingen widmen, vor allem nutzten wir die Zeit zum Meditieren. Im Sommer setzen wir uns auf die Terrasse und genießen diese Abende, beobachten auch viel den Himmel, kochen das Mittagessen des nächsten Tages, machen Yoga oder ein Training zusammen und lesen wahnsinnig gerne. Das ein oder andere Mal batteln wir beim Kartenspielen oder Schach und wir reden einfach über absolut alles.

Es gibt so viel zu tun, wenn wir uns wieder nur auf unser Leben fokussieren. Es fühlt sich plötzlich wieder nach **Leben** an, echt und einfach pur.

Abgesehen davon, dass uns die Inhalte der Bildschirme unter Druck und Stress setzen, uns zum ungesunden Vergleichen anregen und uns unglücklich und unzufrieden machen, sind sie natürlich alles andere als gesund für unseren Körper. Diese Tatsache wissen wir alle, aber sie gilt als normal. Und was normal ist, wird akzeptiert und als „halb so schlimm" eingeschätzt, weil ja alle so handeln.

„Ich lade dich ein, dich bei deinem Umgang mit den Bildschirmen zu beobachten. Wie oft am Tag greifst du – eventuell sogar ohne Grund – zu einem? Wie oft erlaubst du dir Zeiten abseits von allen Bildschirmen? Beobachte dich mindestens eine Woche dabei und schreibe am Ende auf, wie du dich dabei fühlst. Mache das wirklich!“

Das Zwischenmenschliche leidet sehr unter unserer Sucht nach Bildschirmen.

Du kennst das bestimmt, denn es ist Tatsache, dass die meisten Menschen nicht mehr wirklich imstande sind, sich zu unterhalten. Kaum hingesetzt, zücken alle ihr Handy und sind in einer anderen Welt. Eventuell zeigt man seinem Gegenüber kurz mal das lustige Video, auf das man gerade gestoßen ist, oder man vermeidet sogar das und schickt es der Person direkt auf deren Smartphone weiter.

Wir reden teilweise nicht mehr richtig miteinander, wir rotten die Menschlichkeit aus und finden die digitale Kommunikation und die Funktionen der technischen Mittel einfach nur praktisch. Oder denken einfach nicht darüber nach ...

Immer öfter fiel mir bei mir selbst dieses Muster auf und meine innere Unzufriedenheit, die damit einherging. Unzufriedenheit aus Langeweile, aufgrund von Vergleichen, negativen Dingen, die ich im Handy sah, und vor allem die Unzufriedenheit, weil mich mein Smartphone oft träge und lustlos machte. Ich bemerkte damals auch, wie bequem ich durch mein Handy geworden bin, weil es einfach vielseitig ist. Anstatt ein Stockwerk runterzulaufen, rief ich meine Mama an, um sie etwas zu fragen. Wenn ich etwas nicht wusste, dachte ich nicht darüber nach oder grübelte selbst, sondern fand die Antwort sofort im Internet. Dank der Sprachnachrichten, die in Sekundenschnelle versendet sind, nimmt man sich nicht mal mehr die Zeit zum Telefonieren. Wir denken vielleicht, das ist ersparte Zeit – aber diese Zeit ist keine Lebenszeit.

Oft verlassen wir nicht mal mehr das Haus, weil man sich mittlerweile so gut wie alles nach Hause bestellen kann. Man muss auch keine

Bücher mehr lesen, zu allem gibt es ein Video. Immer weniger müssen wir denken, aufstehen und uns bewegen.

Wir verzichten freiwillig auf Dinge, die uns glücklicher machen würden, weil wir etwas tun müssen für ein Endergebnis. Wo bleibt so der Reiz, wo bleibt die Anstrengung und der einhergehende Stolz auf sich – wo bleibt das, was man Leben nennt?

Das, was uns Bildschirme noch gestohlen haben, ist die wertvolle Geduld. Weil wir alles immer sofort und ständig tun und nachschauen können, haben wir verlernt, wie es ist, auf etwas zu warten und geduldig zu sein. Wir dürfen keine Sekunde Langeweile mehr haben, die Ablenkung und die Versuchung zur Beschäftigung sind immer griffbereit. Dabei ist es genau die Langeweile, die uns und vor allem auch unsere Kinder dringend brauchen. Zeit ohne Informationen, Zeit des Nichtstuns und somit Zeit für Kreativität, Fantasie und Produktivität. Drei Universitäten aus Australien und Singapur fanden 2019 heraus, dass Langeweile so was wie der lodernde Zündstoff dafür ist – absolut wichtig und wertvoll, nicht nur für Kinder.

Wenn wir uns diese wichtigen Momente im Alltag nehmen, ist es kein Wunder, dass wir uns öfters träge, energielos, unzufrieden und unglücklich fühlen. Geschweige denn der negative Einfluss auf die Kinder, die viel zu früh und viel zu oft mit Handys, Spielkonsolen, Tablets und Fernseher in Berührung kommen. Ich vermisse die Zeiten sehr, in denen Kinder noch eine Kindheit hatten. Meine Generation hatte schon Fernseher und Spielkonsolen, Gameboys und Co. Mir wurde bis auf den Fernseher nichts davon erlaubt und ich hätte damals nie gedacht, wie dankbar ich meinen Eltern mal dafür sein werde. Wie viel wertvolle Spielzeit ich verpasst hätte, wie viele Ideen ich nicht gehabt hätte aus Langeweile, wie viele Wälder und Geheimwege nicht von mir erforscht worden wären. Ich merke an meinen eigenen Kindern, wie groß das Thema Bildschirme ist. Wir versuchen immer, wenn sie ihre Aufmerksamkeit auf einen richten, uns noch mehr mit ihnen zu beschäftigen oder andere Vorschläge zu machen. Bis jetzt klappt das wunderbar, aber uns ist natürlich bewusst, dass sie auch älter werden und vielleicht noch mehr das Bedürfnis danach haben. Bis jetzt schauen sie ein- bis zweimal in der Woche Fernsehen auf Italienisch und wir erklären ihnen, warum wir lieber was mit ihnen spielen oder sie sich anders beschäftigen sollten, auch das nehmen sie jetzt noch sehr gut an. Alles, was wir auch hier machen können, ist, selbst ein gutes Vorbild zu sein – nicht mehr.

Im Außen beobachtet man sehr oft ganze Familien und Gruppen, die an einem Tisch sitzen und nicht miteinander sprechen, weil alle mit ihrem Handy beschäftigt sind. Babys, die, kaum am Tisch hingesetzt, schon ein Tablet in die Hand gedrückt bekommen, und die Eltern, die nebenher ihre eigenen Dinge am Handy zu erledigen haben. Ich verurteile andere Menschen nicht dafür, wir haben alle unsere Verhaltensweisen, die wir überdenken dürfen. Alle, ohne Ausnahmen.

Das Einzige, was wir tun können, ist, es selbst so zu machen, wie es sich für einen selbst richtig anfühlt. Das ist, speziell wenn man Kinder hat, oft mit viel mehr Aufwand und Nerven verbunden. Wir haben unterwegs immer Kartenspiele, Stifte und Papier und anderes kleines Spielzeug dabei, mit denen wir die Kinder bei Laune halten. Ganz einfach, weil uns das wichtig ist. Gleichzeitig sind aber auch wir oft unheimlich froh über die Bildschirme.

Bildschirme haben – so wie alles – auch absolut ihre Vorteile.

Man kann über sie schimpfen, wie man will, aber wenn man nach einem harten Arbeitstag nach Hause kommt, noch was kochen muss und das Kind dahinter schon schreit, kann ein Fernseher ein „Lebensretter" sein. Auch ohne Kinder kann es sich absolut entspannend anfühlen, eine Meditation übers Handy anzuhören, ein Training übers Tablet zu absolvieren oder eine Sendung im Fernsehen auf einer Sprache zu sehen, die man lernen möchte (so haben unsere Kinder z. B. sehr gut Italienisch gelernt).

Nichts ist zwangsläufig schlecht oder gut, es geht nur darum, wie man es für sich und andere einsetzt und nutzt.

Das gilt hier wie auch in jedem anderen Bereich unseres Lebens. Wir dürfen auch hier vor allem achtsam bleiben.

Scheinwelt

Mit dem Konsum von Medien wird auch immer stärker das Realitätsbild verzerrt. Wir schauen in einige Apps oder lesen Artikel und sehen viele wunderschöne Fotos von perfekten Menschen, die an den schönsten Orten der Welt leben, ihr (sehr vieles) Geld praktisch von zu Hause aus verdienen und ein Leben führen, das mehr als anstrebenswert erscheint. Wir beobachten und folgen Menschen, deren Leben absolut perfekt erscheint. Wir sehen es vielleicht sogar täglich und fühlen uns selbst immer ein bisschen schlechter dabei. Weil wir vieles davon nicht haben.

Warum tun wir das? Lasst uns mit dem Gedanken spielen, dass wir dieser Sucht nachgehen, um uns unbewusst schlecht fühlen zu können und uns so wieder selbst in unsere geliebte Opferrolle zu katapultieren. Könnte das sein? Du musst vielleicht täglich aufstehen und einer Arbeit nachgehen, die dich eigentlich nicht erfüllt, du hast kein Geld und keine Zeit, um ständig in der Welt herumzureisen und die beeindruckendsten Orte zu sehen, du hast vielleicht noch keinen Partner oder keine Partnerin gefunden, obwohl du dir das so sehr wünschen würdest. Oder du hast noch nicht die Familie, die du in deinem Alter schon längst geplant hättest. Wo wir auch hinsehen, vor allem auf Instagram, Tiktok und Youtube, wir sehen Tausende von Menschen, die unser vermeintliches Traumleben führen. Und wir? Wir sitzen hier in unserem „normalen Leben" und fühlen uns deshalb schlecht.

Ich frage dich aber: Glaubst du wirklich, dass diese Menschen ein Traumleben führen, so wie du es auch möchtest? Das, was viele täglich sehen, ist eine Scheinwelt, es stecken sehr viele Lügen dahinter, um mehr Likes zu bekommen, mehr Follower zu erreichen, mehr Geld zu verdienen und besonders um für sich selbst so zu tun, als führe man ein Traumleben!

Viele Menschen, die ihr Leben in den sozialen Medien teilen, besonders die, die das in dieser makellosen, perfekten Form machen, sind alles andere als erfüllt oder glücklich. Auch wenn sie oft das Gegenteil behaupten oder zeigen.

Sie sind Menschen. Das heißt, sie haben Tage, an denen sie sich schlecht fühlen, an denen sie an allem zweifeln, streiten, sich selbst nicht gern im Spiegel ansehen, an denen sie absolut unglücklich sind. Weil das zu jedem Menschenleben dazugehört! Ich weiß, wovon ich hier schreibe: Es geht in diesem Tun sehr stark um Leistungsdruck, Konkurrenzkampf und oft ums Davonlaufen vor der eigenen Realität.

Ich dachte eine Zeit lang, ich muss das genauso machen, um auf Instagram erfolgreich zu sein. Mein neuer Weg damals, 2015, führte mich auf Facebook und so begann ich über Nacht ein zweites Leben dort. Etwa drei Jahre später, als ich ein Instagram-Konto einrichtete, um auch dort den Menschen meine leichten Rezepte zu zeigen, wurde alles etwas anders. Damals war es tatsächlich so, dass man sehr viel mehr Aufmerksamkeit bekam, wenn man sich als absolut perfekt präsentierte. Ich verspürte den Druck, anderen, erfolgreichen Menschen nachzueifern und bei dem Spiel mitzuspielen. Das hat nicht lange funktioniert, weil sich mit der Zeit alles in mir dagegen gewehrt hat.

Es fühlte sich falsch an und ich hatte irgendwann keine Freude mehr daran, Rezepte oder Ausschnitte aus meinem „perfekten" Leben mit meinen Followern zu teilen. Irgendwie drehte sich alles nur noch um die Followeranzahl und die Likes für jedes Bild. Es bestand alles nur noch aus Druck und Stress, was, wie wir wissen, wohl das Schlimmste ist, das wir uns antun können. Zu dieser Zeit suchte ich den Kontakt zu einer Frau, die mich vor allem in meiner Spiritualität sehr stark weiterbrachte, mich wieder daran erinnerte und bestärkte, sie zu leben. Ich begann, alles stark zu überdenken und wieder viel mehr meinem Bauchgefühl zu vertrauen.

Ich begann, mir Auszeiten von Facebook und Instagram zu nehmen, habe die Apps von meinem Handy gelöscht und wollte erst wieder richtig am Leben teilnehmen. Mit diesem Schritt holte ich mir ein großes Stück Glück, Freude und Freiheit zurück. Ich war von diesen Apps wie eingenommen gewesen – vor allem, weil ich mir in der realen Welt nicht mehr sicher war, wer ich ohne sie überhaupt (noch) bin.

Mein Alltag so pur, echt und ehrlich war ein ganz anderer. Er fühlte sich wunderschön und frei an.

Vielleicht liest sich meine Geschichte für dich absolut schräg und du denkst dir, wie man nur so in diese Social-Media-Falle reinrutschen kann. Ich kann dir aber sagen, es ist nicht einfach, dem nicht zu verfallen. Es gibt Menschen da draußen, die täglich unglaublich stark darunter leiden, sie erkranken psychisch und physisch und es geht ihnen sehr schlecht. Aus einem einzigen Grund: Sie identifizieren sich anhand der Zahlen bei diesen Apps. Dafür muss man allerdings kein Influencer sein und eventuell sogar Geld damit verdienen. Alle, die diese Apps benutzen und täglich oder gelegentlich etwas posten, schauen auf diese Zahlen. Wie viele Follower man hat, wie viele Likes man bei einem Bild oder Video hat.

Wieso sonst machen wir das? Dann könnten wir die schönen Inhalte doch gleich für uns behalten? Wir wollen uns und anderen dadurch etwas beweisen, wir wollen uns großartig und besser fühlen und vor allem wollen wir, dass andere uns diese Gefühle zuschreiben. Ist es nicht so?

Ich finde das absolut nicht verwerflich, ich teile auch gerne mal schöne Bilder von mir. Das nennt sich Ego, und wir haben es wohl alle in uns. Kritisch wird die Sache nur, wenn dieses überhandnimmt und wir uns von ihm abhängig machen. Mittlerweile liebe ich es, immer wieder Videos und Fotos zu teilen, die mich alles andere als perfekt aussehen lassen. Das, was mich früher unter Druck gesetzt hat, habe ich jetzt umgewandelt und ich nutze den Schönheitswahn und den Perfektionismus der Menschheit oder diese Apps für mich. Indem ich das Gegenteil mache: Ich zeige mich echt, ungeschminkt und so, wie ich gerade aussehe. Das mache natürlich nicht nur ich, und das ist das wirklich Wunderbare an der Sache! Ganz viele Menschen zeigen sich mittlerweile bewusst ohne Filter, Make-up und auf Bildern ohne Photoshop-Bearbeitung.

Eine Sache möchte ich abschließend noch dazuschreiben: Du musst kein großes Haus haben, du musst nicht mit deinem Van die Welt entdecken, du musst nicht schlank sein, du musst nicht täglich die perfekte Beziehung haben, du musst nicht Kinder für dein Glück haben, du musst nicht dein eigenes Business starten und du musst dich schon gar nicht jeden Tag übergesund und optimal ernähren. Du musst nichts von dem, was du an anderen bewunderst. Das, was du solltest, ist, für dein derzeitiges Leben dankbar sein, erkennen, was du alles schon hast, und dir deine genauen Ziele und Wünsche notieren. Der Schlüssel zum

Glück liegt, wie du weißt, darin, in deinem Alltag zufrieden zu sein, aber deine Ziele nicht aus den Augen zu verlieren.

Vor allem sind wir alle unterschiedlich. Es gibt Menschen, die es lieben, ihr eigener Chef zu sein, die anderen lieben es, ihrer Arbeit nachzugehen und angestellt zu sein. Die einen lieben das Freiheitsgefühl beim Reisen, während andere absolut glücklich in ihrem Umfeld sind und sich dort täglich entfalten. Die einen lieben es, sich durch Make-up und extravagante Kleidung auszudrücken, während die anderen darunter nur ihr wahres Ich verstecken wollen. Die einen sind glücklich in einem großen Haus, wobei sich andere darin verlieren ...

Verstehst du, was ich damit sagen will? Wir bewundern oftmals das „perfekte" Leben anderer, aber wenn wir wirklich darüber nachdenken, erkennen wir vielleicht, dass es für uns persönlich absolut nicht das Richtige wäre.

Menschlichkeit

Es gibt neben dem Aussehen noch eine Sache, die immer öfter ihren Platz in der Öffentlichkeit findet, das sind die Gefühle. Wir sind in einem Zeitalter angekommen, in dem Gefühle langsam gezeigt, gelebt und vor allem gefühlt werden dürfen.

Ich habe das Gefühl, Menschlichkeit wird wieder modern.

Das begann bei mir persönlich mit dem Ausleben des „Attachment Parenting", also mit der aufmerksamen, beziehungsorientierten Erziehung, in die uns unser erstes Kind „gebracht" hat. Nicht nur, aber vor allem dort spielen Gefühle eine wesentliche Rolle. Ich las sehr viele Bücher darüber, weil mein Gefühl mir viel zu oft sagte, dass vor allem das ständige Schimpfen, Lautwerden, Allein-(weinend)-einschlafen-Lassen und was sonst noch als „normal" erachtet wurde, alles andere als richtig oder gut sein kann. Vor allem nicht für mich und unser Kind. Mein Bauchgefühl, das Universum oder was auch immer brachten mich auf einen idealeren Weg für uns drei. Und dieser fühlte sich viel besser an.

Für mich persönlich ging es beinahe zeitgleich direkt weiter mit der Arbeit an meinem eigenen inneren Kind. So erfuhr ich nach einer Kindheit, in der Gefühle keinen großen Platz haben durften, ein vorerst merkwürdiges Leben voller überwältigender Situationen und Momente. Ich musste erst wieder lernen, meine Gefühle zu erkennen, zu bestimmen und mich selbst überhaupt zu verstehen. Es begann eine Reise, die wohl niemals enden wird, denn in den meisten von uns gibt es sehr viel aufzuräumen, zu sortieren und zu erfahren. Meiner Meinung nach macht diese Selbstreflexion, von der du ja hier schon unheimlich viel gelesen hast, einen Hauptteil in einem Menschenleben aus. Das sollte sie zumindest.

Auch wenn ich mich vielleicht wiederhole, möchte ich Folgendes nochmal betonen: Um diese innere Arbeit zu unterstützen und zu leben, brauchen wir mehr Frieden in uns. Du hast bis jetzt schon einiges über Dankbarkeit, Bewegung, Wohlfühlessen, Achtsamkeit und Meditation gelesen. All das unterstützt dich stark auf dem Weg in ein glücklicheres, erfüllteres Leben. Lass uns also weitermachen!

Bloggerin **Silvia Gasser** ist es wichtig, sich rundum wohlzufühlen. Täglich lesen knapp 30.000 Follower in den sozialen Medien ihre Beiträge. Seit der Veröffentlichung ihrer Bestseller „Silvis Wohlfühlküche" und „Silvis leichte Küche für alle Tage" haben sich ihre Einstellungen weiterentwickelt und der Content geht über das Thema Ernährung hinaus: Selbstliebe, Achtsamkeit, Gesundheit, Nachhaltigkeit und ein rundum glückliches Leben stehen im Mittelpunkt. Mit ihrer eigenen Geschichte als Beispiel hat die dreifache Mutter nun ein Programm entwickelt (inkl. Online-Kurs und Podcast), das „Inner Healing" für alle möglich macht.

Schlusswort

Hier sind wir nun, am Ende dieses Buches. Es hat mich unerwartet viel Energie gekostet, es zu schreiben. Dieser Schreibprozess hat sehr viel mit mir gemacht, aus mir herausgeholt und an die Oberfläche gebracht. Die eigenen Gedanken so detailliert und gebündelt niederzuschreiben, ist, wie auch schon beschrieben, heilsam und fordernd zugleich.

Umso mehr möchte ich dir genau das nochmal ans Herz legen. Alle Übungen, in denen ich dich aufgefordert habe, nachzudenken und zu schreiben, darfst du unbedingt machen. Wenn wir vor uns schwarz auf weiß stehen haben, was wir vorher nicht mal ansatzweise erkannt oder bewusst gedacht haben, öffnen wir diese Tür zu einem neuen Ich. Die Welt rundherum wird plötzlich anders, wir sehen und erkennen so vieles mehr und lernen Schritt für Schritt, mit unserem Innenleben umzugehen und Unbrauchbares weiterziehen zu lassen.

Du hast dein Leben selbst in der Hand, egal was dir bisher vielleicht Schlimmes, Traumatisches oder Schreckliches passiert ist. Du hast immer die Option, wieder aufzustehen und das Schönste und Beste aus dir und deinem Leben rauszuholen. Genau das wünsche ich mir für dich. Auch wenn es ein langer Weg sein mag, auch wenn es schmerzen kann, auch wenn es viel Energie kostet, es lohnt sich. Dieses Buch war vielleicht dein erster Schritt in diese Richtung und das ehrt mich sehr. Ich wünsche mir nämlich nichts mehr als glückliche und zufriedene Menschen um mich herum. Welche, die nicht mehr schlecht über andere sprechen, die das Leben genießen, andere nicht mehr für ihr Unglück verantwortlich machen und den Spaß ihres Lebens haben.

Das Leben kann sich von einem auf den anderen Moment schlagartig ändern, es ist wie ein Spiel, in dem man nie weiß, was als Nächstes passiert. Spiele deines so, dass du immer wieder Lust hast weiterzuspielen. Ziehe mit deinen neuen Erkenntnissen Menschen in dein Leben, die dich glücklich machen, ziehe eine Arbeit an, die du aus vollem Herzen liebst, ziehe das Geld an, das du brauchst, um deine Wünsche zu erfüllen, und siehe das Leben wieder als ein nicht selbstverständliches Wunder. Vor allem, siehe dich selbst wieder als ein nicht selbstverständliches Wunder. Achte gut auf dich und freue dich jeden Tag auf unvorhergesehene Glücksmomente. Die schon immer da waren ...

Wie möchtest du auf dein Leben zurückblicken, wenn das heute dein letzter Tag hier auf der Erde wäre?

Tue es!

Deine Silvi

Bibliografische Information
der Deutschen Nationalbibliothek
Die Deutsche Nationalbibliothek verzeichnet diese Publikation in der Deutschen Nationalbibliografie; detaillierte bibliografische Daten sind im Internet abrufbar: http://dnb.d-nb.de

1. Auflage 2024

Fotos: Anja Keller/MAYA FOTO (Umschlag und Seite 13),
Paula Josephine Sprenger (Umschlag),
Julia Lesina Debiasi (Seite 45, 95, 125, 188/189)
Design & Layout: Athesia-Tappeiner Verlag
Druck: Athesia Druck, Bozen
Papier: Innenteil Magno Natural

Gesamtkatalog unter
www.athesia-tappeiner.com

Fragen und Hinweise bitte an
buchverlag@athesia.it

ISBN 978-88-6839-771-5
ISBN 978-88-6839-772-2 (e-Book)